Das verlogene Paradies

Oliver Fehn

Das verlogene Paradies

Eine moderne Version von John Miltons

Paradise Lost

Pandämonium Verlag

2. Auflage 2016

Layout: Gerd Frey
Umschlagbild: John Martin, „Pandemonium" (1825)
Illustrationen von John Martin
Druck und Vertrieb: Books on Demand GmbH, Norderstedt

Made in Germany

ISBN: 978-3-944893-12-9

Vorwort des Verfassers zur 1. Auflage 2009

Das Epos *Paradise Lost* gehört zu den großen Klassikern der englischen Literatur, und sein Verfasser John Milton – mit Verlaub – war ein Schlitzohr. Da er wusste, dass er sich mit einer offenen Stellungnahme für Satan den Unmut der Meinungsmacher und Würdenträger seiner Zeit zuziehen würde, bediente er sich des genialen Tricks, offiziell den christlichen Standpunkt zu vertreten, während er seine Religionskritik unkommentiert in Form von objektiven Schilderungen einfließen ließ. So bezieht er sich zum Beispiel mit Vorliebe auf Bibelstellen, die das Handeln des jüdischen Gottes in eher zweifelhaftem Licht erscheinen lassen. Da ihre bloße Erwähnung ihm jedoch nicht als Fauxpas angerechnet werden konnte, machte der Verfasser sich mit dieser Vorgehensweise unangreifbar.

Miltons Werk, im 17. Jahrhundert entstanden und im sogenannten heroischen Versmetrum verfasst, wurde seit seinem Erscheinen vielfach ins Deutsche nachgedichtet. Die bekannteste Übertragung ist wohl die von Hans Heinrich Meier, die als Volksausgabe bei Reclam erschien. Nachdichtungen – das wusste der Übersetzer – verlangen nach „Kongenialität"; das heißt: Sprachliche Schönheit, Rhythmus, Takt und Stilebene müssen vom Übersetzer in die Fremdsprache „hinübergerettet" werden, wobei nicht nur der Sinn, sondern auch der Wortlaut des Originals weitgehend erhalten bleiben sollte. Wer als Übersetzer auf eigene Faust modernisiert oder adaptiert, begeht eine literarische Todsünde.

Nun weiß man jedoch, dass epische Dichtungen weitaus unzugänglicher sind als zum Beispiel Romane oder Novellen; jeder Schüler eines humanistischen Gymnasiums kann ein Lied davon singen, mit welchen Mühen etwa die Lektüre von Homers *Odyssee* oder Vergils *Aeneis* verbunden ist. Das Ergebnis: Die meisten Klassiker früherer Epochen bleiben ungelesener Regalschmuck; man kennt aus ihnen allenfalls Zitate, während der Text in seiner Gesamtheit kaum gelesen wird.

Dies erkannte in den dreißiger Jahren des 20. Jahrhunderts auch der Stuttgarter Publizist Gustav Schwab und fasste die unzähligen griechischen Göttersagen und Heldenepen in einer sogenannten Volksausgabe zusammen, die unter dem Titel *Die Sagen des klassischen Altertums* bis heute ein Bestseller blieb. Sie ermöglicht es vor allem Jugendlichen, die hintergründigen Geschichten der Antike für sich zu entdecken. Schwabs Arbeiten waren keine „modernen Übersetzungen" (wie etwa Jörg Zinks Bibelausgabe für die Jugend), sondern Nacherzählungen. Im Gegensatz zur Inhaltsangabe, die eher der journalistischen Form des Berichtes ähnelt, ist die Nacherzählung Reportage und bleibt farbig, anschaulich, lebendig. Sie redigiert und wählt aus und darf durchaus über einen individuellen Erzählstil verfügen.

Ich habe mich bei meiner Adaption von *Paradise Lost* um ein verständliches Deutsch bemüht, ohne dabei den feierlichen Tonfall des Originals zu ignorieren. Wer Miltons Werk im Original kennt, dem wird nicht entgehen, dass ich das ursprüngliche Gebäude von Grund auf abgerissen habe, um an seiner Stelle ein völlig neues Haus zu errichten. So verzichtete ich zum Beispiel auf all jene langweiligen Passagen, die bei Milton – der zwar ein Zeitgenosse Shakespeares war, aber weder über dessen virtuose Sprache noch seine Originalität verfügte – vielen Kapiteln leider ein Übermaß an Schwerkraft verleihen. Aus den reumütigen Menscheneltern nach dem Sündenfall habe ich ein selbstbewusstes junges Paar gemacht, bei dem die Frucht der Erkenntnis sichtbar ihre Wirkung zeitigt. Der moderne Leser mag keine demütigen Figuren; er will Konflikt.

Die beiden Schlusskapitel von *Paradise Lost*, die streiflichtartig von späteren Ereignissen wie dem Turmbau zu Babel oder der Sintflut berichten, ließ ich unbeachtet; sie hätten mir nur den Plot verdorben. Somit hat meine Version der Paradiesgeschichte auch einen völlig anderen „Schlussgag" als Miltons Text. Literatur, die sich nicht bewegt, stößt mit zunehmender Welterhellung an ihre Bedeutungsgrenzen.

Der Held meiner Erzählung jedoch – und da treffen Original und Adaption sich wieder – heißt nicht Gott, sondern Satan. In unseren Tagen, wo die Legende vom „bösen Widersacher" immer mehr zugunsten eines sympathischen höllischen Freigeists verblasst, der die Autorität des jüdischen Stammesgottes aus Leidenschaft missachtet, zählt Miltons Werk zu den großen Satanischen Quellentexten der Weltliteratur. Und sollten manche, in deren Regalen *Das verlorene Paradies* schon jahrelang ungelesen steht, sich aufgrund meiner Veröffentlichung nun auch mit John Miltons Text beschäftigen, dann möge sein blasphemischer, vom Geiste Luzifers beseelter Inhalt sie erleuchten.

September 2009
Oliver Fehn

Vorwort zur Neuauflage 2016

Diese Neuausgabe meiner freien Milton-Nachdichtung „Das verlogene Paradies“ folgt weitgehend dem Text der Erstauflage. Nur sehr behutsam wurden sprachliche Korrekturen vorgenommen; überdies habe ich den Text den Regeln der neuen deutschen Rechtschreibung angepasst. Ich hoffe, der neuen „Lesergeneration“ damit ebenso viel Inspiration und Einsichten vermitteln zu können wie mit der 2009 bei *Edition Esoterick* erschienen Erstauflage.

Münchberg, 18. Juli 2016
Oliver Fehn

Inhaltsverzeichnis

„Was nützt mir dieser Garten mit all seiner Fülle,

wenn ich selbst nicht wachsen darf?“

Eva

Ein neuer Tempel

Die Geschichte vom verlorenen Paradies beginnt in den finsteren Tagen vor unserer Zeit. Der Mensch war noch nicht erschaffen, und bis zur Geburt des sogenannten Erlösers aus Nazareth sollten noch Tausende von Jahren vergehen.

Sie erzählt vom Leben Adams und Evas, die von ihrem Schöpfer – dem Stammesgott Jahwe – in den Garten Eden gesetzt wurden, um ihn zu hegen und zu pflegen. Dieser Garten lag dort, wo heute der Irak ist, und vier Flüsse tränkten ihn: der Euphrat und der Tigris, die auch heute noch fließen, sowie der Pischon und der Gihon, die wir auf unseren Landkarten vergeblich suchen.

Die Geschichte handelt vom Verstoß jener ersten Menschen gegen Gottes Weisung – auch „Sündenfall" oder „Ursünde" genannt. Und sie handelt von Satan, dem gefallenen Engel, der in Eden die Gestalt einer Schlange annahm, um das erste Paar zu jener Gesetzesübertretung zu verleiten, die das Wesen der Menschen von Grund auf veränderte und sie zu dem machten, was sie heute sind. Satan war zu jener Zeit das Oberhaupt einer großen Schar verstoßener Rebellen-Engel, die versucht hatten, Gott – den „Donnerkönig", wie sie ihn nannten – von seinem Thron zu stoßen und selbst die Herrschaft im Himmel zu übernehmen.

Die Revolte gegen Gott jedoch schlug fehl. Als Jahwe die Pläne seines Lieblingsengels durchschaute, ließ er Feuer regnen auf Satan und sein Gefolge. Als lebende Fackeln stürzten sie in die Bodenlosigkeit, und neun Tage und neun Nächte trieben sie auf den flammenden Gewässern des Abgrunds, die wie das Meer sind, wenn ein Ölteppich es bedeckt. Die Schmerzen, die sie zu erleiden hatten, waren bitter – noch bitterer jedoch waren die Demütigung und ihr gekränkter Stolz. So trieben sie dahin in den Regionen des Grams und der Schande; und als Satan zum ersten Mal die Augen öffnete, sah er neben sich in den Wassern Beelzebub treiben, seinen Stellvertreter, der ihm an Mut und Gerissenheit nahezu gleichkam.

„Bist du das wirklich, Beelzebub?“ Satan nahm sein Gegenüber kritisch in Augenschein. „Wenn ja, dann sag mir:

Wohin ist dein Glanz? Deine Schönheit? Im Himmel warst du einer der Prächtigsten von uns. Aber jetzt ... ich mag gar nicht hinsehen."

„Gestatte mir die Bemerkung, Herr und Meister, dass auch von deiner Schönheit im Moment nicht allzu viel zu sehen ist", erwiderte Beelzebub.

Satan beugte sich über das Wasser, um sein Spiegelbild zu betrachten, doch er sah nur Rauch. „Wenn er uns zu Spottbildern gemacht hat, so zeugt auch das nur von seiner Einfallslosigkeit. Dass er sich als Furie erweisen würde, war jedenfalls vorauszusehen. Schließlich haben wir gewagt, was keiner vor uns gewagt hatte: Ihn nicht zu mögen. In den letzten Wochen vor unserer Rebellion habe ich ihn nicht aus den Augen gelassen: Sein Thron bebte und wackelte. Er hat es kommen sehen. Nun hat er mir zwar mein Amt genommen, doch meine Würde kann er mir nicht nehmen. Er hat mir die Wohnstatt geraubt, doch meinen Stolz kann er mir nicht rauben. Er hat mir die Krone gestohlen, doch meinen Hass kann er mir nicht stehlen. Verspürst du Reue, Beelzebub? Ich muss lachen, wenn ich daran denke, dass er jetzt glaubt, wir kämen auf Knien zurück und würden um Vergebung flehen." Er spuckte ins dunkle Wasser. „Wir sind noch immer, was wir waren: Engel, mächtig und von himmlischer Substanz. Auch die Unsterblichkeit scheint uns geblieben zu sein, sonst wären wir längst in diesem Feuerschlund krepiert. Guck nicht so betrübt, Beelzebub. Hier ist meine Hand – schlag ein. Be-

siegeln wir die Zukunft – ab heute geht der Kampf erst richtig los."

Beelzebub, noch immer ziemlich verdattert, antwortete: „Hätte er uns mit Haut und Haar vernichtet, so hätte er sich an unserer Niederlage nicht weiden können. So aber sitzt er jetzt da oben und lacht sich ins Fäustchen. Ich könnte schwören, dass er uns beobachtet. Was gibt es Größeres, als einen Feind zu haben, der lebt und leidet?"

„Kein Grund, den Kopf hängen zu lassen." In Satans Augen glänzte bereits wieder der alte Mutwille. „Vergiss nie, Beelzebub: Wer schwach ist, der ist elend – ob er nun handelt oder leidet. Außerdem lässt die Hitze schon nach, das Wasser wird merklich kühler, und meine Augen sehen bereits Land. Er hat sein Pulver schon verschossen."

Er deutete mit dem Finger auf einen Küstenstrich in der Ferne. „Siehst du diese Insel? Unbelebt und öd – aber wir könnten dort unser Quartier aufschlagen und in aller Ruhe einen Schlachtplan aushecken. Sehen wir sie uns wenigstens mal an."

Er erhob sich aus den lodernden Wellen, breitete die Flügel aus und flog, dicht gefolgt von Beelzebub, auf das ferne Ufer zu. Bei ihrer Landung zitterte der Boden.

„Ein recht finsterer Ort", sprach Satan. „Überall Schatten, als verschlucke das Erdreich alles Licht. Aber was soll's? Dieses Land hat Jahwe in seiner Barmherzigkeit für uns ausgesucht, und wir sollten ihn nicht kränken, indem wir sein Geschenk missachten. Je dunkler die Gegend, in der wir hausen, umso entfernter muss Gottes Reich mit seiner Festtagsbeleuchtung sein." Ein spöttisches Grinsen verzog sein Gesicht, und er spuckte wieder, diesmal in Richtung Firmament. „Willkommen, Hölle. Sei mir gegrüßt, neuer Himmel. Es ist alles nur eine Frage des Geistes. Wenn der Geist es will, wird aus Himmel Hölle – und aus Hölle Himmel. Hier sind wir frei – kein eifersüchtiger Jahwe weit und breit. Ist es nicht besser, in der Hölle zu herrschen, als im Himmel zu dienen?“

Sein Blick wanderte zurück zur flammenden See, wo die restlichen Engel aus seinem Gefolge noch immer bäuchlings und bewusstlos übers Wasser trieben.

„Willst du unsere Mitstreiter im Stich lassen, Beelzebub?“ fragte Satan. „Das hätten sie nicht verdient. Schließlich waren sie bis zur letzten Minute tapfer. Wir können sie noch gebrauchen – und sie uns vermutlich auch. Je zahlreicher wir sind, umso größer die Wahrscheinlichkeit, dass wir den Himmel zwar nicht zurückerobern, aber doch ein wenig ins Wanken bringen können.“ Er leckte sich die Lippen.

Beelzebub nickte. „Vielleicht aber solltest *du* sie wecken. Deine kecke Stimme wird auf diese Halbleichen wirken wie ein belebender Balsam. Du weißt doch, wie es im Himmel war: Wenn sie verzagt waren über den alten Tyrannen, warst immer du es, der ihnen neuen Mut gab und eine Lösung wusste.“

Satan nickte, ohne den Blick vom Wasserspiegel abzuwenden. Kreuz und quer, in alle Richtungen trieben seine Soldaten. Der Gedanke, dass jenes Elend die Frucht göttlichen Handelns war, weckte seine Kampfeslust noch mehr. Er ballte die Fäuste.

„Was ist los mit euch Memmen?“ polterte er. „Wollt ihr hier ein Schläfchen halten? Wisst ihr nicht, dass jemand, der zu Boden geht und nicht sogleich wieder aufsteht, vom Feind zu Tode gestampft werden kann? Erhebt euch, die Schlacht ist noch lange nicht geschlagen."

Sofort kam Bewegung ins Engelsheer. Verschlafen taumelten sie auf ihre Füße wie Soldaten, die nach einer durchzechten Nacht das Morgensignal weckt. Erst jetzt konnte man sehen, wie viele es waren: Eine Armee, größer als die Streitkräfte der barbarischen Völker, die später vom Norden her zur Donau und zum Rhein marschierten.

Ihre himmlischen Namen aufzuzählen, wäre müßig – denn sie waren mit ihrem Sturz erloschen. Als sie später über die Erde streiften, um sich selbst zu Göttern zu machen und den Glauben der Menschheit ins Wanken zu bringen, nannten sie sich anders:

Da war zum Beispiel Moloch, ein finsterer König, der das Blut von Kindern liebte und später von den Ammonitern verehrt werden sollte. Ein anderer hieß Kamos – ihn machten die Moabiter zu ihrem Gott, und er regierte den Hass und die Lust. Und da war Thammus, dessen Schönheit später viele junge Frauen aus Syrien und dem Libanon betörte, so dass sie in ihrem Liebeswahn verrückte Lieder sangen und sich die Pulsadern durchschnitten. Ihn kennt man auch als Adonis.

Dagon war ein Monster aus dem Meer, halb Mensch halb Fisch, dessen Statue später von Jahwe geköpft und seiner Glieder beraubt wurde, so dass die Philister einen Rumpf anbeten mussten. Der gefürchtetste aller Dämonen jedoch war Belial, der die sexuelle Gier und das Laster regierte. Ihm wurde nie ein Altar erbaut, doch in allen Städten, wo man die Freuden des Fleisches zelebrierte, war er zu Hause – so auch in Gibea, wo ein Herbergswirt seine minderjährige Tochter einer Schar von Lüstlingen übereignete, die nächtens durch die Ortschaft zogen.

Alle stiegen sie jetzt aus den Gewässern und jubelten darüber, dass ihr Anführer keineswegs den Mut verloren hatte. Sie wussten, gleich würde er vor ihnen sprechen, mit seiner tiefen, melodischen Stimme, um die selbst Jahwe mit seinem klirrenden Befehlston ihn beneidet hatte.

„Ihr habt an meiner Seite hart gekämpft, Brüder. Dafür gebührt euch Dank", begann Satan, als seine Krieger sich um ihn versammelt hatten. „Wir wissen jetzt, dass wir Gottes Rachsucht nicht unterschätzen dürfen, und so lohnt es sich vorerst kaum, über eine Rückkehr in den Himmel nachzudenken. Manche aber haben vielleicht schon davon gehört, dass er ein neues Geschlecht zu erschaffen plant: Eins, das ihm ähnlich ist und eine völlig neue Welt bevölkern soll. Besagte Welt möge künftig unser Betätigungsfeld sein – denn hier, in dieser stinkenden Einöde, möchte ich den Rest meiner Tage nicht verbringen. Ich schlage vor, dass wir eine Sitzung abhalten und uns beraten, wie wir ihm sein Süppchen am besten versalzen können. Aber um keine falschen Hoffnungen zu wecken: Der Ruf nach einem Waffenstillstand wird bei mir auf taube Ohren stoßen. Ich plädiere für Krieg. Wobei ein Krieg ja nicht unbedingt auf dem Schlachtfeld geführt werden muss. Die Herzen der Götter können wunderbare Kriegsschauplätze sein." Er besah sich die Landschaft und rümpfte die Nase. „Natürlich bedarf es für eine solche Sitzung eines würdigeren Ortes. Hier, wo es nach Schwefel und fauligem Wasser stinkt, mag ich meine Stimmbänder nicht strapazieren. "

Auf seine Bemerkung hin stießen Millionen Engel ihre feurigen Schwerter gen Himmel und grinsten in hämischer Vorfreude. „Ein Palast muss her", riefen sie, „ein Palast für unseren Herrn."

Unter der Führung Mammons, der sich schon im Himmel mehr für die goldenen Teppiche und das Geschmeide interessiert hatte als für Gottes Herrlichkeit, rissen sie einen Vulkan mit bloßen Händen auseinander, bis sie auf Golderz stießen und gigantische Barren ins Tal schleppten, wo ein zweiter Tross es mit dem Feuer der Hölle zu Brei schmolz, während eine dritte Gruppe damit beschäf-

tigt war, das Gold zu formen und im Boden zu verankern, wo es in Form von Pfeilern, Architraven und allerlei Zierrat zu einem Tempel heranwuchs, der schöner und prachtvoller war als später die Paläste von Kairo und Babylon. Lichtdurchflutete Räume, voll mit Blumenampeln und Luzernen, schmückten das Innere des Gebäudes, und bald schon erging ein Ruf an die Engel aller Hierarchien: „Kommt in unseren Palast – ins Pandämonium. Satan ruft uns zu seiner ersten großen Versammlung."

Der höllische Rat

Im Pandämonium hatte Satan seinen Thron in solch schwindelerregender Höhe gebaut und so reich geschmückt, dass man ahnen konnte, wie sein himmlischer Palast wohl ausgesehen hätte, wäre der Triumph über Gott ihm gelungen. Bis in alle Winkel drängte sich sein Gefolge und wartete, was der Engelfürst zu verkünden hatte. Als Satan endlich die Stimme erhob, wurde es totenstill in den Tempelhallen.

„Ich habe lange über unsere Niederlage nachgedacht. Jahwe hat uns beschämt, aber er hat uns nicht besiegt. Das göttliche Feuer in uns lodert noch immer, und der tiefe Fall, den wir erlitten haben, darf uns nicht mutlos machen. Seht, wir haben einen Palast gewonnen. Der höchste Platz darin gebührt natürlich mir, doch seid getrost, je höher man sitzt, umso früher trifft einen möglicherweise der vernichtende Strahl von oben. Wer nach Macht strebt, strebt auch immer nach Gefahr – insofern spart euch jeglichen Neid. Um aber zum eigentlichen Thema zu kommen: Ich bin nicht gewillt, unser himmlisches Erbteil preiszugeben. Und ihr seid wohl derselben Meinung. Die Frage ist nur: Wie stellen wir es diesmal an, dem Donnerkönig das Spiel zu verderben? Hat jemand eine Idee?“

Als erster hob Moloch die Hand, der blutrünstigste unter den Dämonen, der so etwas wie Angst nicht kannte und sich lieber hätte zerstückeln lassen als sich zu unterwerfen.

„Manche meinen, anstatt den Himmel erneut zu stürmen, sollten wir uns lieber auf unsere Gerissenheit verlassen und Ränke schmieden", begann er, sein Zepter hoch erhoben. „Doch ich bin anderer Meinung. Warum soll unsere Armee untätig hier herumlungern? Warum überrumpeln wir den alten Tyrannen nicht und machen seine Wohn-statt im Zuge eines Gegenkriegs zu einem Schauplatz des Grauens? Wir sind Engel, und unser Weg führt naturgemäß nach oben; das Leben in den niedrigen Sphären ist gegen unsere Natur. Doch schon höre ich Einwände: Der Donnerkönig könnte einen zweiten Angriff mit noch grausameren Waffen vereiteln als beim ersten Mal. Na, und wenn schon? Auch wenn wir ein für alle Mal fallen, ist dies immer noch ein würdigeres Schicksal, als in diesen unfruchtbaren Sümpfen zu hausen."

Auch als er wieder Platz genommen hatte, brannte der Grimm noch lange in Molochs Augen. Da erhob sich neben ihm ein anderer Engel, der nicht allzu groß und von mädchenhafter Zartheit war. Mit seiner Freundlichkeit hatte er sich bereits im Himmel viele Sympathien erworben; doch hieß es auch, sein Herz sei wie ein verlassener Bienenstock, und hinter seiner Gefälligkeit lauere ein blutrünstiges und kaltes Wesen.

„Du warst gut, Moloch." Er schenkte seinem Vorredner ein zärtliches Lächeln. „Auch ich bin der Meinung, wir sollten kämpfen. Doch wer in einer bestimmten Disziplin schon einmal versagt hat, sollte der es beim nächsten Mal nicht mit was anderem versuchen? Mein Gegner kann stärkere Fäuste haben als ich" – er hob die blassen Mädchenhände – „dafür bin ich vielleicht schneller oder geschickter als er. Es wäre einfältig, wieder auf unsere alten Waffen zurückzugreifen. Sie haben sich nicht bewährt. Als erklärte Gegner Gottes sollten wir über ein breiteres Repertoire verfügen als er."

Die meisten Anwesenden nickten, auch wenn sie wussten, dass Belials Appell vor allem mit seiner Trägheit und seiner dekadenten Natur zu tun hatte.

Mammon, der als nächster das Wort ergriff, begann seine Rede mit einer Frage, die nur wenige sich bisher gestellt hatten: „Was liegt euch eigentlich am Himmel? Dass ein Sieg eher unwahrscheinlich wäre, hat Belial gerade recht einleuchtend begründet. Was aber tun wir bei einer Niederlage? Gott den Hintern küssen und um Wiederaufnahme in den Himmel bitten? Uns die alten Kronen wieder aufs Haupt setzen und Tag und Nacht ein brüchiges Halleluja meckern für einen, den wir aus tiefstem Herzen verabscheuen? Das kann nicht euer Ernst sein. Hier unten sind wir frei. Wenn wir uns anstrengen, gelingt es uns vielleicht, diese Einöde in eine Welt zu verwandeln, in der es sich lohnt zu leben, weil sie über mehr Wohnqualität verfügt als der Himmel. Darum halte ich es mit Belial: Wir sollten unsere Schwerter ruhen lassen."

Ein abwägendes Raunen schwoll an zum Gemurmel allgemeiner Zustimmung. Dieser geschlagenen Armee graute vor einem zweiten Krieg, während die Vorstellung von einer Hölle, die sich mit jedem Tag zu einem würdigeren Aufenthaltsort wandelte, ihnen nicht unattraktiv erschien. Beelzebub, der nächste Redner, witterte die Trägheit des Engelsheers. Wie ein zorniger Monarch stand er vor ihnen, und seine breiten Schultern wirkten so respekteinflößend, dass sofort Stille eintrat.

„Mächtige Höllenfürsten. Nichts gibt es, das höher zu bewerten ist als unser Wille. Und da *euer* Wille es zu sein scheint, untätig in diesen Niederungen dahinzuvegetieren, muss ich das wohl respektieren. Erkennt ihr jedoch nicht, dass auf diese Weise euer Wille und Gottes Wille der gleiche sind?

„Er hat uns da, wo er uns immer haben wollte, und solange wir hier festsitzen, sind wir sein Spielzeug. Glaubt ihr etwa, die Hölle könne sich zu einem Ort der Freiheit wandeln, in dem unser Handeln nicht mehr Gottes Gesetzen unterliegt? Vergesst es. Er wird sich einmischen, wo immer er kann. Hier sind wir niemals frei. Deshalb hätte ich eine andere Lösung anzubieten.

„Mir kam zu Ohren, dass außer Himmel und Hölle seit kurzem noch eine dritte Welt existiert: Eine, die der Donnerkönig von einem Wesen regieren lassen will, das ihm ähnelt – dem sogenannten Menschen. In diesen Menschen, auch wenn er weder so vollkommen ist noch so stark wie wir Engel, scheint er all seine Hoffnungen zu setzen.“ Er räusperte sich, um deutlich zu machen, dass seine Schlusspointe noch bevorstand. „Natürlich könnten wir den Versuch wagen, sein Spielzeug einfach zu vernichten. Ich habe jedoch eine bessere Idee: Wie wär's, wenn wir versuchten, den Menschen auf unsere Seite zu ziehen? Welche Demütigung träfe den Allmächtigen härter als ein Ebenbild, das sein Messer gegen ihn wetzt?“

Nebenbei bemerkt: Beelzebubs Vorschlag war nicht ganz seine eigene Schöpfung. Als sie im brennenden Wasser schwammen, hatte Satan bereits von ganz ähnlichen Ideen gesprochen. Dennoch – der Plan war genial: Gottes neue Welt, die Erde samt ihren Bewohnern, von Beginn an mit der Hölle zu verbinden und sich den Menschen zum Werkzeug heranzuziehen. Die Augen der Engelschar blitzten übermütig. Man applaudierte und nahm Beelzebubs Vorschlag mit großer Mehrheit an.

„Die Sache muss allerdings gut vorbereitet werden“, fuhr Beelzebub fort, nachdem er sich ausreichend im Beifall seiner Mitstreiter gesonnt hatte. „Zuerst gilt es zu ergründen, wo Gottes Paradiesgarten überhaupt liegt – und welche Bedingungen wir dort vorfinden werden. Zu diesem Zweck sollte einer von uns sich aufmachen und diese neue Welt gründlich auskundschaften. Einer, der genügend Mut hat für die beschwerliche Reise, und der verschlagen genug ist, die Wachposten abzulenken oder mit Blindheit zu schlagen. Mag jemand sich freiwillig melden?“

Die Anwesenden zupften an ihren Flügelspitzen oder schielten zu ihren Hintermännern. Keiner sagte etwas. Bis schließlich *ein* Engel sich erhob: ein einziger, dessen Augen Beelzebub voll Selbstvertrauen fixierten.

Es war Satan selbst.

„Meine Nase sagt mir, dass einige von euch drauf und dran sind, sich die Gewänder zu beschmutzen. Andererseits verstehe ich eure Angst natürlich. Der Pfad, der aus der Hölle führt, ist eine Bedrohung für Leib und Leben. Neun Feuerwände gilt es zu überwinden. Die Ausgänge sind mit Türen aus Diamant verrammelt. Und gelangt man doch hinaus, so steht man dem Nichts gegenüber, der gestaltlosen Nacht. Und wer weiß, wie die nächste Station aussieht.“ Er machte eine Pause, damit die Anwesenden sich jene Unbilden in allen Details vorstellen konnten.

„Ihr habt mich einst zu eurem Anführer gewählt“, fuhr er fort. „Eine solche Ehre bringt ein gewisses Maß an Verpflichtung mit sich. Ich hätte mein Amt nicht verdient, würde ich jetzt, wo es um persönlichen Mut geht, einfach kneifen. Darum will ich mich allein auf den Weg machen."

Ein Aufatmen ging durch die Menge, das in Satans Nacken wie ein mächtiger Windstoß war. „Ihr sollt jedoch in der Zwischenzeit nicht untätig bleiben", ergänzte er. „Erforscht die Hölle und macht aus ihr eine Stätte, die unserer würdig ist. Entschlüsselt alle Geheimnisse der untersten Sphären."

Sofort zeigte sich, wie ernst die Engel ihres Herrschers Weisungen nahmen: Sowie Satan sich anschickte, die Grenzen des Höllenpfuhls zu überschreiten, formierte sich eine schützende Phalanx von Seraphim um ihn. Ein Herold rief, und vier Cherubim stießen in die Posaune, um die Großtat ihres Meisters musikalisch zu begleiten.

Die anderen aber schwangen sich in die Lüfte, um Seinen Auftrag auszuführen, und ihre Augen spähten alles bis in die letzten Winkel aus. Andere demonstrierten ihre Geschicklichkeit im Wettkampf; wieder andere sangen und entlockten der Harfe die wunderlichsten Töne; und die großen Denker unter den Engeln ließen sich auf den Anhöhen nieder und führten lange Gespräche über Schicksal und Willensfreiheit, über Ehre und Schmach.

Eine weitere Gruppe erforschte die fünf Gewässer, die durch die Unterwelt fließen: vom Styx, der als Strom des Hasses gilt, bis hin zum Lethe, an dessen jenseitigem Ufer sich der Kontinent der ewigen Eisnacht erstreckt, wo Hagel und Winde unaufhörlich toben und wohin Jahwes Rachegeister die Verdammten aus dem ewigen Feuer schleppen, damit der Frost an ihren Gebeinen nagt und sie, wenn sie zurückkehren, die Flammen der Hölle als noch peinigender empfinden.

Tod und Sünde

Als Satan nach langem Flug die diamantene Höllenpforte erreicht hatte, sah er zwei merkwürdige Wächter vor der Tür stehen.

Das Wesen zur Linken hatte die Gestalt einer hübschen Frau; ihr Unterleib jedoch war der einer Schlange, und ihre klaffende Scham diente einer schauerlich jaulenden Hundemeute als Behausung. Verglichen mit ihr musste die grauenvolle Skylla von liebreizender Anmut gewesen sein, und die Nachthexe, gierig nach Kinderblut, wie eine gute Fee.

Das zweite Wesen war ohne Form und Kontur: ein unbestimmter schwarzer Schatten mit einer Krone auf dem Haupt. Auf dürren Spinnenbeinen krabbelte es auf Satan zu, der noch immer nicht das geringste Anzeichen von Angst erkennen ließ.

„Was für eine Schönheitskönigin hat man mir denn da auf den Weg geschickt?“ sprach er das Ungeheuer an. „Glaub ja nicht, dass du mit deiner Anmut meine Sinne betören kannst. Ich werde diese Pforte überschreiten – ob es dir passt oder nicht.“

„Ich grüße dich, Verräterengel“, entgegnete das Wesen. „Du willst wissen, wer ich bin? Die Antwort wird dir nicht gefallen: Ich bin dein Herr und Gebieter. Der König der höllischen Sphären, das bin ich. Du aber bist nur ein kleiner Sträfling, den Gott besiegt und hierher verbannt hat. Mach, dass du in dein Zuchthaus zurückkehrst, sonst bekommst du meine Geißel auf der Haut zu spüren, und meine Pfeile werden deinen Leib mit Gift tränken."

Satan wich nicht den Bruchteil eines Zolls zur Seite. Mit neugierigem Blick musterte er das fremde Wesen, aus dessen Augen ein ganz ähnlicher Glanz zu ihm zurückkam. So vergingen viele Minuten, bis unvermutet das weibliche Schlangenwesen den Kopf nach vorne stieß und sich zwischen beide Kontrahenten stellte.

„Was ist das für ein Ton, in dem mein Vater und mein Bruder miteinander reden?" kreischte sie, dann wandte sie sich dem Schatten zu, dessen Augen gleich denen Satans entschlossen funkelten. „Willst du dich an unserem Vater vergreifen – nur dem da oben zuliebe, für den du nichts bist als ein Knecht, ein Werkzeug seines Willens?" Das Ungeheuer wich einen Schritt zur Seite.

Satan sprach: „Was du da redest, bestürzt mich. Ich soll dein Vater sein? Und dieser ekelerregende Schatten mein Sohn und dein Bruder? Wenn dem so wäre, müsste ich mich wirklich schämen, denn ihr seid zweifellos die hässlichsten Kreaturen, denen ich je begegnet bin."

Da umflorte sich der Blick des Schlangenweibs, als wollten Tränen kommen. „Es kränkt mich, Vater, dass du mich hässlich nennst, denn im Himmel – erinnerst du dich? – galt ich als lieblich, und auch du konntest meinen Reizen nicht widerstehen. Dabei war ich deine Tochter, geboren aus deinem Schädel in der Nacht, da du die Rebellion plantest. *Sünde* tauften sie mich, und weil ich dir wie aus dem Gesicht geschnitten war und du schon immer in dein eigenes Antlitz vernarrt warst, wurden wir ein Paar. Vater und Tochter, Mann und Frau, Gemahl und Gemahlin. Du hast mich geschwängert. Und dies hier" – sie deutete mit dem Finger auf das schwarze Spinnentier – „ist das Ergebnis. Bei seiner Geburt zerfleischte es meine Eingeweide und brachte mich fast um. Sie nannten es den *Tod.* Und damit nicht genug der Schande: Dieses Unwesen fiel in einer Sommernacht über mich her, über die eigene Mutter. Wie zwei Schweine wälzten wir uns am Boden, und mit Gewalt versprühte es sein Gift in meinen Schoß." Sie blickte auf die Hundemeute in ihrer Scham. „Diese Brut lebt seitdem in meinem Leib. Sie ernähren sich von meinem Gedärm und haften wie Zecken an mir. Und der Tod frisst mich nur deshalb nicht auf, weil mein Ende auch sein Ende wäre. Hüte dich vor seinen Pfeilen, Vater – sie sind tödlich, auch für dich."

Satan, der die Hand inzwischen sinken lassen hatte, rang sich ein Lächeln ab. „Es tut mir leid, dass ich dich nicht sofort erkannt habe, meine Tochter. Die frivolen Spiele jedoch, die wir im Himmel trieben, werde ich so schnell nicht vergessen. Glaubt nicht, ich sei euer Feind. Ich bin zu einem Erkundungsflug aufgebrochen, um Gottes neu erschaffene Welt zu finden, die er mit einer ihm ähnlichen Kreatur besiedeln will – als Entschädigung für die Schmach, die wir Engel ihm bereiteten. Was er genau mit dem Menschen vorhat, weiß niemand – doch das wer-

de ich auf meiner Reise schon erforschen. Und was euch anbelangt, so will ich dafür sorgen, dass ihr eure Freiheit wiederbekommt und euch schon bald zusammen mit mir in jener neuen Welt vergnügen könnt." Er schickte dem Tod ein verschmitztes Lächeln. „Dann wirst auch du einmal richtig satt, mein Sohn." Der Tod grunzte und leckte sich mit der schwarzen Zunge die Lippen.

Die Sünde aber griff nach einem mächtigen Schlüssel aus Erz, kroch auf ihrem Schlangenleib zur Tür und drehte ihn im Schloss. Da öffnete sich unter lautem Ächzen die breite Höllenpforte, durch die eine ganze Armee hätte hindurchmarschieren können. Als Satan mit höflichen Dankesworten losflog, blieb die Tür hinter ihm weit offen. Denn die Sünde hat wohl die Macht, jene Pforte zu öffnen, nicht aber, sie wieder zu verschließen.

König Chaos

Der Anblick, der sich Satan bot, nachdem er die Hölle verlassen hatte, unterschied sich von allen ihm vertrauten Landschaften: Er sah einen schwarzen Ozean, der sich in alle vier Winde erstreckte – das war das Reich des Chaos, der Urgrund. In jenen Breiten begegnen sich die Atome, es entstehen das Heiße und das Kalte, das Feuchte und das Trockene, und es regieren die Willkür und die Beliebigkeit. Aus jener Masse drängt die Schöpfung hervor, und Gase verdichten sich zu Formen und Gestalten, die durch die Ursuppe treiben.

Nach einiger Zeit verspürte er wieder Land unter den Füßen – es war ein Golf aus Sumpf und Wasser, zu seicht, um darin zu schwimmen. Stimmengewirr und Lachen drangen an sein Ohr. Da mussten lebende Wesen ganz in der Nähe sein – vielleicht die Bewohner jener Einöde, die er nach dem Weg fragen konnte.

Er flog dorthin, von wo die Geräusche kamen, und ein paar Minuten später stand er vor dem Thron des König Chaos, der sich wie eine dunkle Plane über die Abgründe spannt.

Neben dem Monarchen saß seine Mitherrscherin, die Nacht, und um sie versammelt ihr ganzes Gefolge – der Zufall, das Gerücht, der Tumult, die Zwietracht und das Durcheinander. Auch die abscheulichste Gestalt der Unterwelt, der Demogorgon, war zugegen. Chaos, der uralte Herrscher, den man auch den Ältesten der Tage nennt, blinzelte Satan ins Gesicht, als würde sein Anblick ihn wie eine Sonne blenden, dann sprach er: „Mir ist, als würde ich euch kennen."

Satan entgegnete: „Ich hoffe eher, dass ihr mich nicht *ver*kennt. Ich bin keineswegs ein Spion, der die Rätsel des Landes auskundschaften will, das ihr regiert. Der Grund, weshalb ich ohne Führung durch diese verwegenen Regionen irre, ist vielmehr, dass ich auf der Suche bin nach einer angeblich neuen, von Gott erschaffenen Welt, die sich Erde nennt."

Der alte Herrscher nickte wissend. „Dann habe ich mich also nicht geirrt", murmelte er nachdenklich. „Ich sah eure Armeen, wie sie schreiend aus dem Himmel stürzten. Und

Gottes Engel sah ich, die ihnen mit dem Schwert hinterherjagten. Ihr seid der glücklose Engelfürst."

„Ob glücklos oder nicht, das wird sich zeigen. Jedenfalls glaube ich, dass eine Prise Chaos Gottes neuer Welt nicht schaden könnte. Wenn ihr wollt, könnt ihr ja mit mir kommen. Dann pfuschen wir Jahwe gemeinsam in sein rosarotes Idyll."

Mit einem milden Lächeln winkte König Chaos ab. Die Furchen um sein Kinn waren tief wie Degenschmisse. „Mein Freund", sprach er. „Mir ist nach Reisen ganz und gar nicht zumute. Ich bin der Gott der allerersten Tage und war ein mächtiger Herrscher, bevor Jahwe mir das Zepter aus der Hand riss. Mir war stets klar, dass irgendwann einer kommen und ihm seine Grenzen aufweisen würde, denn die Geschichte des Universums ist ein unaufhörliches Auf und Ab. Das gilt auch für die Menschen, mit denen er seine Welt besiedeln will: Sie werden sich befreien und danach freiwillig wieder versklaven, sie werden ein Jahrtausend lang ihren Rettern zujubeln, und im nächsten Jahrtausend ihren Gefängniswärtern. Mal werden sie der Lustbarkeit frönen und ihre Welt zum großen Tanzsaal umgestalten, dann wieder dem Säuseln ihrer religiösen Führer lauschen, die mit der Fratze der Enthaltsamkeit aller Schöpfung samt ihrem natürlichen Stolz das Rückgrat brechen wollen. Es wird nichts Neues geschehen. Auch euch mag vielleicht eines Tages eine Kirche gehören, doch ihr Schicksal ist ungewiss. Mir ist jedes Skalpell willkommen, das die eiternden Abszesse aus Jahwes künstlichem

Kosmos entfernt. Dass dabei Blut fließt, ist nur normal. Und nun kommt, Morgenstern, ich verrate euch den Weg zur Erde."

Ein Besuch in Gottes Tiergarten

Den Garten Eden konnte man nicht verfehlen: Groß und grün erstreckte er sich auf dem Gipfel eines hohen Berges, geschützt von einem Wall aus Dornen und wucherndem Kraut, so dass es unmöglich schien, in jene Gegenden vorzudringen – es sei denn, man konnte fliegen. Der Duft von Blüten und saftiger Erde stieg Satan in die Nase, als er mit gespreizten Schwingen und pfeilschnell durch einen Spalt an der Ostseite des Gartens durchs Blätterdickicht stieß, um schließlich mit beiden Beinen auf Edens Boden zu landen. Sofort versteckte er sich hinter einem der ausladenden Rosenbüsche. Von weitem hörte er das Krächzen und Schreien von allerlei Tieren, und aus den Bächen, über denen Libellen mit Drachenflügeln segelten, drang ein munteres Gurgeln.

„Es wäre sicher nutzbringend, diesen Landstrich einmal aus der Vogelperspektive zu erkunden", sprach Satan. „Ich könnte mich auf den großen Baum da in der Mitte setzen – aber Vorsicht, Morgenstern. Der Alte glotzt bestimmt herab, und so empfiehlt es sich, erst für die nötige Kostümierung zu sorgen." Da es Satan keinerlei Mühe bereitet, die vielfältigsten Gestalten anzunehmen, schlüpfte er in das Federkleid eines Kormorans – des Vogels, der sich von Schmutz und Abfall ernährt –, stieß sich vom Boden ab und flatterte schaukelnd ins Laubwerk eines der beiden mächtigen Bäume in der Mitte des Gartens. Es war der Baum des Lebens, in dessen Krone er gelandet war; dicht daneben stand jener andere Baum, dessen Früchte den Menschen die Gabe der Erkenntnis verliehen hätten, hätte Gott ihnen nicht verboten, davon zu kosten.

Die Aussicht war überwältigend. Überall Palmen, Weinstöcke und glitzernde Seen. Neugierig tasteten Satans Augen die Landschaft ab. Er sah Rehe, die in den Lichtungen ästen, und was da so hoppelte, das waren Hasen, deren Lieblingsbeschäftigung – nämlich fruchtbar zu sein und sich zu mehren – Satan mit frivoler Befriedigung beäugte. Bei der Erschaffung der Tiere hatte Gott eine beachtenswerte Schöpferkraft unter Beweis gestellt.

Doch was war das? Zwei schlanke Gestalten trotteten Hand in Hand durch eine Blumenwiese. Ihm fiel sofort auf, dass es sich bei jenem seltsamen Paar keineswegs um Tiere handelte. Genau genommen ähnelten sie – zumindest was ihre Gestalt betraf – ihm selbst. Und so ähnelten sie auch dem, der die Schar der Engel nach seinem Vorbild erschaffen hatte. In ihren Gesichtern wechselten – je nachdem, was sie fühlten – Freude, Schmerz und Trauer einander ab, und sie liefen auf zwei Beinen.

Das mussten die Menschen sein.

„Sie tragen nicht einmal Kleider“, murmelte Satan voller Genugtuung, der – wie alle Engel – seine Scham unter einem langen Mantel aus Gold und Geschmeide verbarg. Die größere der beiden Gestalten trug ihr Haar kurz, ihr Hals war kräftig, und an ihren Armen und Schenkeln zeichne-

ten sich kräftige Muskeln ab. Das andere Wesen hatte Locken, die ihr in langen Girlanden über den Nacken fielen. Beim Anblick ihrer graziösen Gestalt spürte Satan, wie das Wasser der Verzückung ihm aus den Augenwinkeln troff.

Gelegentlich pflückten sie ein paar Früchte von einem Baum und aßen davon; dann wieder lachten sie, wälzten sich im Gras und landeten zuletzt auf einer Blumenwiese, ganz in der Nähe einer Löwenfamilie, die behaglich schnurrend in der Sonne schlummerte.

Wie hypnotisiert blieb Satan an seinem Aussichtsort sitzen, bis die ersten Sterne am Himmel funkelten.

„Ich sehe, Gott hat seinen Günstlingen nichts vorenthalten", sprach er zu sich. „Es macht Spaß, den beiden zuzusehen. Ihr Lachen, ihre Arglosigkeit – der Donnerkönig wird an ihnen seine helle Freude haben. Doch leider – das Blatt ist schon dabei, sich zu wenden." Er wollte schlucken und spürte, dass es ihm Mühe bereitete. „Nicht, dass ich ihnen ihr Glück missgönne – ach, wenn ich nur wollte, ich könnte sie aufrichtig mögen. Der alte Engel in mir ist ja nicht völlig dahin. Doch was ich suche, sind keine Freunde, sondern Verbündete. Und genau das sollen sie werden: Meine Verbündeten im Kampf gegen Gott."

Adam und Eva waren inzwischen in ein tiefsinniges Gespräch vertieft. Diese Gabe ist den Liebenden bis heute erhalten geblieben: Dass sie über Gott und die Welt philosophieren und einen gedankenschweren Eindruck machen können, während in Wahrheit nur ihre Lenden arbeiten und alle Philosophie nur Blendwerk ist.

„Findest du nicht auch, dass Gott großzügig zu uns war?" Adam starrte den Wolken nach, die sich wie müde Schafe durch den Abendhimmel quälten. „Alle Tiere hat er zu unseren Untertanen gemacht; wir können mit ihnen

machen, was wir wollen. Unsere einzige Aufgabe ist es, darauf zu achten, dass die Bäume und Sträucher hier im Garten nicht in den Himmel wachsen. Und wenn wir hungrig sind, so dürfen wir von allen Früchten genießen. Nur nicht vom Baum der Erkenntnis. Gott sagt, seine Früchte seien giftig, und wenn wir davon essen, sterben wir noch am selben Tag."

Ein vernarrtes Lächeln huschte über Evas Gesicht. „Zu dir hat er das gesagt; zu mir nicht. Wohl weil du als Mann mein Gebieter bist und ich dir sowieso gehorchen muss. Allerdings zweifle ich nicht an der Richtigkeit von Gottes Warnung. Ich jedenfalls werde meine Finger von jenen Früchten fernhalten."

Ruhig bleiben, mein Augenstern, dachte Satan, der das Gespräch belauscht hatte und dessen Blicke sich immer

wieder zwischen die Schenkel des Menschenweibs verirrten. Hat die Liebe zu deinem Deckhengst dich denn so willenlos gemacht? Wissen und Weisheit – das ist doch das Süßeste überhaupt. Was ist denn so verwerflich daran, danach zu streben? Und von wegen giftige Früchte. Im Gegenteil: Wer vom Baum der Erkenntnis isst, der wird gottgleich werden und seine Entscheidungen nur noch dem eigenen Willen unterwerfen, ungeachtet der Gebote des Donnerkönigs.

Armes Kind, seufzte er. Dir scheint so gar nichts an der Weisheit zu liegen, was aber verzeihlich ist, denn nur wer weiß, wie süß die Erkenntnis ist, kann Sehnsucht nach ihr empfinden.

„Ich muss ihrem Appetit ein wenig auf die Sprünge helfen“, flüsterte Satan. Dann ging er in die Einsamkeit und überlegte, welche List wohl am geeignetsten sei, um bei den Menschenkindern so etwas wie Begehren zu wecken.

Gerüchte

Edens Osttor war ein mächtiger Alabasterfelsen, zu dem eine schier endlose Wendeltreppe hinaufführte. Diesen Berg wagte niemand zu erklimmen, denn sein verwittertes Gestein war dicht bewaldet und bot dem Fuß des Wanderers keinen Halt. In jener Bergeinsamkeit thronte zwischen zwei Säulen der Erzengel Gabriel, und um während seiner trostlosen Wacht nicht auf müßige Gedanken zu kommen, hatte er Gott um ein üppiges Aufgebot junger Seraphim gebeten, die vor seinen Augen tanzten, spielten und scherzten. Davon abgesehen war das Leben hier recht ereignislos. So empfand Gabriel es als willkommene Abwechslung, als an jenem Abend eine geflügelte Gestalt in Windeseile geradewegs auf ihn zuflog. Misstrauisch zückte er sein Schwert, dann erkannte er seinen Amtskollegen, den Erzengel Uriel.

„Heute lohnt es sich, die Augen offenzuhalten", rief Uriel, ehe er sich neben seinem Gefährten auf einem Felsblock niederließ. „Einer der Diener des alten Graubarts Chaos soll heute vor der Himmelstür erschienen sein, um mit unheilschwangerer Stimme das Ende von Gottes neuer Welt auszurufen. Unser früherer Gefährte, der eitle Morgenstern, sei bei seinem Herrn zu Besuch gewesen, und die beiden hätten lange geredet und sich ausgesprochen gut verstanden."

Gabriel hob nicht einmal den Blick. „König Chaos hat viele Diener, und nicht alle sprechen sie die Wahrheit“, antwortete er. „Welcher war es?“

Uriel räusperte sich. „Nun, ich muss zugeben, es war das Gerücht.“

„Das Gerücht? Nun, beim Gerücht ist es so, dass die Hälfte von dem, was es erzählt, die reine Wahrheit ist, die andere Hälfte nutzlose Lüge. Da bin ich nun so schlau wie zuvor.“

Uriel ließ nicht locker. „Das Gerücht sagt, Satan habe sich von König Chaos den Weg nach Eden beschreiben lassen. Er wolle hierher kommen und den Menschen sein Gift einflößen. Dann gehöre die Welt ihm, und Jahwe habe den Kampf ein für alle Mal verloren.“

„Bis jetzt habe ich niemanden gesehen", antwortete Gabriel. „Die letzten Tage waren nicht ereignisreicher als der heutige. Aber wenn es dich beruhigt, kann ich meine Abwehrmaßnahmen gern verschärfen."

So forderte Gabriel ein Heer von Wächterengeln an und befahl ihnen, sich in kleinen Stoßtrupps übers gesamte Land zu verteilen. Jeden Eindringling und jede Gestalt, die ihnen verdächtig vorkam, sollten sie unverzüglich festnehmen und zu ihm bringen. Er war bekannt dafür, seinen Pflichten auf kompromisslose Weise nachzukommen, und sein Mitgefühl endete dort, wo die Autorität seines Schöpfers begann.

In Feindeshänden

Satans Schlachtplan war inzwischen ausgereift. Er wartete, bis Adam sich aufmachte, um den Garten von dem Laub zu säubern, das Gottes Odem bisweilen von den Bäumen blies, dann pirschte er sich in Gestalt einer Kröte an die schlafende Eva heran, um ihr die verrücktesten Worte der Welt ins Ohr zu flüstern. Was sie hörte, wandelte Eva sogleich in Traumbilder um.

Sie sah sich durch Eden wandeln, und ein rauer Sturm blies, doch aus den Himmeln kam nicht mehr die Stimme Gottes. An Adams Seite erforschte sie das Land und gewahrte, dass es außer Vogelgezwitscher und Blütenduft noch andere Dinge zu entdecken gab. Es war ein Leben in Freiheit und Selbstbestimmung.

Eine Art Sehnsucht bemächtigte sich ihrer, als unvermutet eine Speerspitze von hinten Satans Lenden kitzelte. Er fuhr herum und sah Ithuriel, einen von Gabriels Wachposten. Sofort nahm er seine ursprüngliche Gestalt an, und Ithuriel und seine Begleiter schraken zurück.

„Wer um Himmels Willen bist du?“ fragten sie.

Satan lachte, bis ihm das Wasser aus den Augen tropfte. „Ginge es nach dem Willen des Himmels, wäre ich vermutlich ein Leichnam. Und nun stellt euch nicht so an und strengt gefälligst eure Augen an.“

Ithuriel beschloss, sich nicht einschüchtern zu lassen. „Anscheinend hast du versäumt, dein Spiegelbild im Fluss zu betrachten", sagte er. „Glaub nicht, dass von deiner alten Schönheit viel geblieben ist. Nur deine Stimme verrät dich, Morgenstern. Und jetzt steh auf und komm mit. Gabriel hat ein ernstes Wort mit dir zu reden."

Satan senkte die Lider als Zeichen der Geringschätzung. „Warum bringt ihr mich nicht zu dem, dessen Befehle ihr ausführt? Das ist nicht Gabriel. Gabriel ist nur sein Handlanger. Und ihr seid die Handlanger des Handlangers, wie entwürdigend. Aber bitte, das Wort des Handlangers ist gleich dem Wort des Herrn, da der Handlanger ihm seinen Verstand zum Pfand gegeben hat. Hier stehe ich. Was zögert ihr noch? Nehmt mich fest und führt mich zu meinem alten Weggefährten."

Er streckte die Arme aus und ließ sich widerstandslos fesseln. Ihm war klar, dass weder Flucht noch offener Kampf sinnvoll gewesen wären. So schritt er mit eitlem Blick zwischen den Engeln einher und lachte ab und zu in sich hinein. Nach langem Marsch erreichten sie den Felsen, an dem Gabriel Wache hielt. Die beiden Erzengel erkannten einander sofort.

„Oh, welche Ehre, der Höllenfürst", spottete Gabriel. „Darf ich dich fragen, was du in Eden willst, Morgenstern? Es war nicht dein Recht, die Hölle zu verlassen und in Gefilde vorzudringen, die für Gottes Schöpfung reserviert sind."

Satan musterte Gabriel vom Schopf bis zu den sandalenbewehrten Füßen, dann verzog er die Lippen. „Ich hab dich als klugen Kopf in Erinnerung, Gabriel, aber ich muss blind gewesen sein. Kannst du mir auch nur eine Kreatur nennen, die es vorzieht, sich an ihrem Schmerz zu weiden? Ist der ein kluger Mann, der sich nicht auf eigene Faust um Linderung bemüht? Ich glaube vielmehr, er ist ein Trottel. Im Übrigen: Das ganze Aufgebot hier wäre völlig unnötig gewesen, wenn euer Herr wüsste, wie man seine Gefängnisse ausbruchssicher macht."

Gabriels Augen verengten sich zu schmalen Schlitzen. „Urteile du nicht über kluge Köpfe – du warst nicht einmal so klug, zu begreifen, dass der Herr der Heerscharen unbesiegbar ist. Deine Revolte, deine Empörung – nichts als vergeudete Zeit. Und was deinen Schmerz anbelangt, so dürfte der Zorn des Allerhöchsten ihn um ein Vielfaches übersteigen. Wo sind sie denn, deine Soldaten? Wo hast du sie gelassen? Wahrlich, sie scheinen mit der Gluthitze in eurer neuen Wohnstatt besser zurechtzukommen als du. Der Höllenfürst wird doch kein Weichling sein?"

„Oh doch." Satan betrachtete Gabriel mit jenem mitleidigen Blick, den später auch der Wolf aufzusetzen pflegte, wenn Mops und Pudel ihm begegneten. „Ich bin der Weichling, der dir dein verdammtes Schwert aus der Hand schlug, als dort oben der Krieg ausbrach, und die jämmerliche Angst in deinen Augen sah. Der Weichling, durch dessen Hand du ohne deine Unteroffiziere und Rekruten in jener Schlacht verblutet wärst. Du scheinst nicht zu wissen, woran man den wahren Führer erkennt: Daran, dass er in vorderster Front marschiert, um jene zu beschützen, die sein Leben für ihn aufs Spiel setzen. Der wahre Führer kämpft. Er sitzt nicht fett auf seinem Thron und wälzt die Schmutzarbeit auf die Schultern seiner Engel ab. Ich will dir verraten, was ich hier suche, Gabriel: einen würdigeren Wohnort für mich und meine Kameraden. Das ist mein gutes Recht, und ihr lieblichen Heerscharen solltet euch auf das beschränken, was ihr am besten könnt: eurem Herrn und Gebieter den Dreck zwischen den Zehen wegzuschlecken. Als Soldaten bietet ihr – offen gestanden – einen höchst lächerlichen Anblick."

„Du und ein Held? Dass ich nicht lache", ereiferte sich Gabriel. „Erinnerst du dich nicht, wie ergeben du dem Allmächtigen warst, wie du seinen Thron umschwirrtest und nur den süßesten Worten erlaubtest, über deine Lippen zu treten? Warst du nicht ein Muster an Ergebenheit und Treue?"

„Alles Blendwerk, du Idiot. Wer seinen Zorn zu früh zeigt, macht seine Feinde wachsam und hilft ihnen beim Aufrüsten. Hätte ich mich vor Gottes Thron übergeben sollen, du Narr? Nur meiner Schauspielerei verdanke ich es, dass euer Vertrauen in mich bis zuletzt unerschütterlich war."

„Habt ihr's gehört? Er rühmt sich seiner Heuchelei", rief Gabriel seinen Mitstreitern zu. Dann trat er einen Schritt auf Satan zu. „Geh zurück in deine Hölle", flüsterte er drohend. „Und sollte ich dich noch einmal hier erwischen, werde ich dich fesseln und eigenhändig in die Grube werfen, aus der du geflohen bist. Verschwinde."

Satan rührte sich nicht von der Stelle. „Deine Fesseln, Gabriel, sprenge ich, wenn's drauf ankommt, mit einem Atemzug. Und was die Grube anbelangt, so weißt du als Sklave ja am besten, wie man sich dort fühlt. Du wirst nie etwas anderes sein als ein Sklave. Du hast nicht das Zeug dazu."

Gabriel gab seinen Soldaten einen Wink, und sogleich richteten sie ihre Speere auf Satan und rückten ihm so dicht auf den Leib, dass weder links noch rechts ein Fluchtweg blieb. Ein Gemetzel schien unvermeidlich.

In jenem Augenblick aber wanderte am Himmel die Sonne in das Zeichen der Waage, dem Sternbild des Friedens und der Harmonie, unter dessen Regentschaft Kampf und Streit nicht stattfinden können. Gabriel, dessen Augen es gewohnt waren, ehrfürchtig gen Himmel zu blicken, bemerkte es als erster und befahl seinen Kriegern, von Satan abzulassen.

„Siehst du Gottes Zeichen, Satan?“ fragte er. „Vermagst du es zu deuten? Es sagt uns, dessen Tage sind gezählt, der das Gleichgewicht des himmlischen Palasts zu stören wagte. Darum geh – und nimm dich in Acht.“

Die Waage jedoch ist auch Sinnbild der Liebe und der Romanzen: Und so geschah es, dass – während Satan sich gemessenen Schrittes aus Eden entfernte – Adam und Eva im Schutz der Sträucher zum ersten Mal den Freuden ihrer von Gott gesegneten Liebe huldigten.

Evas Traum

Adams Schlaf war leicht und schwerelos, und ein paar Sonnenstrahlen reichten für gewöhnlich, um ihn seinem Nachtlager zu entwöhnen. Auch am Morgen nach seiner Liebesnacht erwachte er vom Rauschen der Blätter im Wind, und wunderte sich, dass nicht auch Eva bereits den jungen Tag begrüßt hatte. Doch als er sich zu ihr hinüberbeugte und ihre Wangen küsste, war es, als berührten seine Lippen die Haut eines Fieberkranken.

„Willst du nicht aufstehen?“ fragte er, als Eva zaghaft die Lider aufschlug. „Es ist ein herrlicher Morgen. Und die Stunde, da wir für gewöhnlich durch den Garten spazieren,

um uns am Gesang der Vögel zu erfreuen, ist fast schon vorbei."

Sie richtete sich auf, machte jedoch keine Anstalten, ihr Lager zu verlassen.

„Ich hatte einen seltsamen Traum", sagte sie. „Es war, als berührten fremde Lippen mein Ohr, und eine Stimme flüsterte: ‚Die schönsten Stunden des Tages verschläfst du, Eva. Steh doch auf, bade im Silberlicht des Mondes und lausche dem Schrei der Eule. Nachts entfaltet Eden seine größte Pracht. Willst du es dir nicht ansehen?'

So stand ich auf, wie von einem Bann getrieben, und da war ein Schatten, dem ich folgte und der mich schnurstracks dorthin führte, wo Gott uns nur ungern sieht – zum Baum der Erkenntnis. Dort wandte der Fremde sich zu mir um, und ich sah sein Gesicht. Einer jener Himmlischen muss es gewesen sein, die zu Gottes Hofstaat zählen. Er war wunderschön; und schön erschien mir auch der Baum, vor dem wir standen.

‚Kannst du dir denken', fragte mich der Engel, ‚warum an diesem Baum so wundervolle Früchte wachsen?'

‚Ich weiß es nicht', gab ich zurück. ‚Ich weiß nur, dass der Herr uns verboten hat, davon zu essen. Wir würden daran sterben, sagt er.'

Der Engel lachte. ‚Wozu hast du deinen Kopf, Eva? Ein Kopf, der nur noch gehorcht, ist nicht mehr wert als ein fauliger Kürbis. Und ein Baum, von dessen Früchten man nicht essen dürfte, wäre ebenso wertlos. Hättest du den Mut, Gottes Verbot zu missachten, so wüsstest du, warum er euch so ängstlich von diesem Baum fernzuhalten versucht. Sterben, das verspreche ich dir, würdest du jedenfalls nicht.' Er lächelte. ‚Jetzt bist du an der Reihe. Rate, was es mit dem Baum auf sich hat?'

Ich war so verwirrt, dass ich dem Engel vorübergehend wirklich vertraute. ‚Vielleicht ist es der Baum mit den süßesten Früchten?'

Er klatschte in die Hände. ‚Du hast es erraten. Süßer sind sie als der Honig, den die fleißigen Bienen sammeln, und süßer als die Küsse deines Gemahls, die du vergangene Nacht empfangen hast. Woher ich das weiß?' Er streckte den Arm aus, pflückte eine der roten Früchte und biss mit genießerischem Lächeln hinein. ‚Weil ich von jenem Baum schon oft gegessen habe und daher wie Gott bin. Ihr könntet auch sein wie Gott; aber ihr wollt ja nicht.' Er seufzte traurig. 'Stell es dir doch einmal vor, Eva: Du eine Göttin, und dein Göttergatte ein Gott. Klingt das nicht nach einem vielversprechenden Leben?'

Als nun seine breite, männliche Hand mir die angebissene Frucht vor den Mund hielt, konnte ich nicht widerstehen. Es schmeckte auf meiner Zunge wie Zucker und Limette an heißen Tagen. Danach hielt er mich im Arm, und wir flogen weit über die Grenzen Edens hinaus, und die Bäume unter uns waren klein wie Grashalme, die Flüsse wie Silberhaar.

‚Na, wie ist es, wenn man Gottes Schöpfung von oben sieht?', fragte mich der Engel, in dessen Umarmung ich mich geborgen und sicher fühlte. ‚Man begreift zum ersten

Mal die Struktur von allem, nicht wahr? Wenn du erst eine Göttin bist, Eva, wirst du die ganze Welt aus der Vogelschau betrachten. Keiner wird dich mehr belügen können. Kein Mensch und auch kein Gott.'

Ich wollte ihm antworten, doch schon bemerkte ich, dass ich allein durch die Lüfte flog. Mein Begleiter war verschwunden. Wie erleichtert war ich, als mir klar wurde, dass ich nur geträumt und nicht wirklich von der verbotenen Frucht gegessen hatte. Nun guck nicht so streng, Adam; der Fremdling mag schön gewesen sein, aber du bist mein Gatte und meinem Herzen stets am nächsten."

Die Stunde des Vogelsangs war fast vorbei, und in den Bäumen kündigte sich die Mittagsstille an.

„Dieser Traum kam nicht aus deiner Brust", sprach Adam nach langem Schweigen. „Die Phantasie muss ihn dir eingeflößt haben. Das ist ein Ungetüm, das in den Abgründen unserer Seelen haust. Ein abscheuliches Gespenst. Wenn wir schlafen, reißt es sich manchmal von seiner Kette los. ‚Lasst euch nie von eurer Phantasie überrumpeln', hat der Herr mich gewarnt. ‚Ich habe sie in eure Seelen gepflanzt, um euch zu prüfen. Wo sie das Zepter hält, muss euer Gehorsam sich beugen. Und ist euer Gehorsam nicht das Edelste, was ihr habt?'" Seine Finger strichen über Evas Haar. „Nun denk nicht mehr darüber nach. Lass uns aufbrechen, um Gottes Garten zu bestellen, wie es unsere Pflicht ist."

Sie hakte sich bei ihm unter, und schweigend schritten sie durch Edens weite Fluren. Nur manchmal, wenn Eva sich unbeobachtet glaubte, löste sich aus ihren Augen eine Träne, die sie vor Adam gut verbarg.

Unter *einem* Haupt

Um die Abendstunde, als Adam in seiner Hütte lag, während Eva nebenan ein köstliches Mahl aus Obst und Beeren zubereitete, erschienen am Himmel die mächtigen Umrisse einer geflügelten Gestalt, und Eva musste sofort an ihren bösen Traum denken, als ihr Gemahl rief: „Ein Engel. Es kann nur ein Engel sein, der sich da von Osten nähert. Wenn ein Himmelsbote uns besucht, so bringt er uns gewiss eine Botschaft von unserem Schöpfer. Wir sollten ihn zum Essen einladen und ihm nur vom Besten auftragen."

Nachdem Eva sich mit einem Blick vergewissert hatte, dass der herannahende Besucher nicht der Mann aus ihrem Traum war, häufte sie auf einen geflochtenen Teller die reifsten Kirschen und saftigsten Aprikosen, übergoss sie mit frischer Ziegenmilch und garnierte sie mit Blütenblättern. Als sie das fertige Gericht servierte, waren Adam und sein Besucher bereits in ein ernstes Gespräch vertieft.

„Gegrüßet seist du, Menschenmutter“, rief der Fremde und legte seine Hand segnend auf ihr Haupt. „Mein Name ist Raphael; ich bin einer von Gottes Engeln, und der Herr persönlich hat mich zu euch gesandt.“ Seine Blicke streifte den Teller in ihrer Hand. „Zu meinem Bedauern sind wir Engel so erschaffen, dass geistige Speise uns genügt und irdische Köstlichkeiten von unseren Mägen nicht verdaut werden. Dennoch will ich deine Gastfreundschaft nicht schmähen und wenigstens den Duft deines Mahls einatmen.“ Er beugte sich über den Teller und inhalierte. „Vielleicht kommt ja der Tag, an dem ihr Menschen dafür an unserer Nahrung teilhaben könnt, der himmlischen Kost, die nicht auf der Zunge süß schmeckt, sondern in der Seele. Ich meine, falls ihr euch als gehorsam erweist.“

Adam horchte auf. „Sind wir nicht so erschaffen, dass unsere Natur so etwas wie Ungehorsam gar nicht zulässt? Sind wir als Gottes Ebenbilder nicht zwangsweise ohne Makel?“

„Es ist nicht so einfach, wie du denkst“, erwiderte Raphael. „Ihr seid wohl Gottes Ebenbilder, aber ob ihr das auch bleibt, liegt an euch. Ihr hättet durchaus die Möglichkeit, vom rechten Pfad abzuweichen. Ein unfreies Herz lässt sich nicht prüfen, darum hat Gott eure Herzen frei gemacht. Darin gleicht ihr uns Engeln, die aber nicht mal in Gedanken Gottes Weisung missachten würden." Ein Laut der Verzweiflung entwich seiner Kehle. „Dennoch ... es ist bereits geschehen, dass Engel gegen den Herrn gesündigt haben."

Eva überlegte, ob sie Raphael von ihrem Traum erzählen sollte. Erst aber wollte sie seine Geschichte hören, die von der Sündhaftigkeit gewisser Engel und einem großen Kampf handeln sollte, der sich vor der Erschaffung Edens im Himmel zugetragen hatte: „Wo heute euer Garten ist, rotierten damals noch die Nebel des Chaos, und von wo euch die Sterne leuchten, brodelte die Ursuppe. Damals geschah es, dass Gott seine Engelscharen um sich versammelte und sprach: ‚Ich habe mir heute einen Sohn gezeugt.'

Natürlich wunderten wir uns. Was ein Sohn ist, wussten wir zwar, doch war es bis dato nicht geschehen, dass jemand im Himmel Nachkommen gezeugt hatte, wozu es ja bekanntlich eines weiblichen Gefäßes bedarf. Doch beim Herrn ist nichts unmöglich, und wenn einer aus sich selbst einen Sohn zeugt, so steht wohl gänzlich außer Frage, dass jener Sohn ihm in allen Dingen gleicht, also nicht nur Sohn ist, sondern auch Abbild. Der Allmächtige verkündete uns, jener eingeborene Sohn sei zu unserem Oberhaupt bestimmt, und jeder müsse fortan die Knie vor ihm beugen. Was den Frommen unter uns einleuchtete, denn wer den Sohn verehrt, verehrt den Vater, der dem Sohne gleich ist wie der Sohn ihm selbst.

Ein rauschendes Fest zu Ehren des neuen Herrschers wurde an jenem Abend gefeiert. Die Becher klirrten, der Nektar funkelte in den Pokalen, und süßes Himmelsbrot labte die Seelen aller, die da speisten. Doch als die Nacht kam und viele von uns an den Wassern im Hain des Lebens zu Ehren des Vaters und seines Sohnes Wache hielten, fehlte einer.

In seiner Kammer saß er, raufte sich das Haar und verspürte Übelkeit, sobald er an den neu erschaffenen Sohn Gottes dachte. Dieser Mann war der oberste Erzengel, ein stolzer und mutiger Bursche, neben dessen Schönheit die anderen Engel verblassten wie die Lichter des Himmels neben dem Morgenstern. Und dieser Morgenstern – inzwischen nennt er sich Satan – erdreistete sich sogar zu dem Gedanken, seine Legionen aus dem Quartier abzuziehen und Gottes neue Weisung vorsätzlich zu missachten. Noch bevor der Morgen kam, ließ er die ihm anbefohlene Engelschar aus ihren Betten holen, versammelte sie um sich und hielt folgende Rede:

‚Dass ihr heute Nacht schlafen konntet, will mir nicht recht in den Schädel, liebe Freunde. Hier im Himmel bricht eine Welt zusammen; und ihr schafft es, in eurem Alkoven zu schlummern und die Welt zu vergessen. Ich vermute, ihr seid euch nicht im Klaren darüber, welches Joch uns Gott da auferlegt hat. Es handelt sich um eine Degradierung des Engelsgeschlechts, wie sie sich bislang nie ereignet hat.'

Satans Engel hatten sich nach dem Fest in der Tat nur wenig Gedanken über Gottes Ratschluss gemacht. Sie waren es gewohnt, dass Jahwe stets die klügste Wahl für alle traf.

‚Throne, Gewalten, Mächte – so nennt der Herr uns je nach unserem Rang. Doch seit letzter Nacht ist das nur noch Geschwätz, da wir ab sofort die Knie beugen sollen vor jenem selbst angemaßten König, den er seinen Sohn nennt. Ebenso könnten wir unsere prunkvollen Mäntel ins Feuer werfen, unsere Kronen einschmelzen und uns die Flügel stutzen lassen, denn – ob ihr es nun gerne hört oder nicht – aus einer Laune heraus hat der Herr des Himmels aus Engeln ordinäre Ochsen gemacht, die man vor ein Joch spannt und peitscht, wenn sie nicht gehorchen. Wollt ihr das auf euch sitzen lassen?' Er ließ seine Augen über die Engelsversammlung schweifen und musterte jedes einzelne Gesicht. ‚Ich lese in euren Blicken, ihr wollt es nicht.'

Doch nur vereinzelt stießen Satans Augen auf Zustimmung. Noch immer befürchteten viele Engel, es könne sich um eine Prüfung Gottes handeln, und schwiegen vorerst.

‚Habt ihr ihn nicht gesehen?' fragte Satan. ‚Er ähnelt seinem Erzeuger auf äffische Weise. Spricht wie er, bewegt sich wie er, und allem Anschein nach ist es ihm nicht einmal möglich, andere Gedanken zu denken als er. Eine jämmerliche Parodie. Einer, über den man herzlich lachen kann, vor dem die Knie zu beugen ich mir jedoch zu vornehm bin. Ob ihr das genauso seht, müsst ihr selbst entscheiden.'

,Du hast recht, Morgenstern', brach einer der Teilnehmer das Schweigen. ,Wir Engel haben uns im Himmel wenigstens verdient gemacht. Wir haben für unseren Ruhm etwas getan. Der aber stand einfach plötzlich da, und die Ehre, die ihm zuteilwird, beruht einzig darauf, dass er Gottes ...', er rümpfte die Nase, ,... Brut ist. Ginge es mit rechten Dingen zu, so müsste er bei uns in die Lehre gehen, anstatt von Engeln auch nur eine Unze Respekt zu erwarten.'

Satan lächelte. Immer mehr Stimmen lösten sich jetzt aus der Menge, und alle pflichteten sie ihm bei. Nur einer aus der Schar – sein Name war Abdiel – erhob sich mit wütenden Augen, trat nach vorne und stellte sich Satan mit gerecktem Kinn entgegen.

,Von Ewigkeit zu Ewigkeit habe ich deinem Urteil getraut und deinen Anordnungen gehorcht, Morgenstern', sagte er. ,Heute jedoch ist mir, als hättest du dich all die Jahre über nur verstellt und zeigtest erstmals dein wahres Gesicht. Lästerlich ist es, was da über deine Lippen kommt, die doch sonst Worte süß wie Honig sprachen. Es ist nicht wichtig für uns, die Gesetze Gottes zu verstehen, sondern ihnen zu gehorchen. Was wir nicht verstehen, dazu sind unsere Köpfe zu töricht, drum sollten wir hinnehmen, was uns auferlegt wird, und sogar dankbar sein, dass wir's mit unseren armseligen Köpfen nicht auch noch begreifen müssen. Ist es nicht Glück, mein Bruder, unter *einem* Haupt vereint zu sein? Dem Willen Gottes untertan und nicht immer nur fragen, fragen, fragen?'

'Kann sein, ich hab mein Herz nicht immer auf der Zunge getragen", sprach Satan grinsend. 'Ich habe mich oft vor anderen verstellt. Was du aber jetzt tust, Abdiel, ist viel beschämender: Du verstellst dich vor dir selbst. Du weißt sehr gut, dass ich die Wahrheit spreche, doch dein Lakaienherz hat Schiss. Nur immer fragen, fragen, fragen? Natürlich fragen, du Idiot. Wer nicht fragt, stirbt dumm. Und da wir unsterblich sind, wären wir sogar zu einem ewigen Leben in Dummheit verdonnert. Aber lass dich von mir nicht beschwatzen. Spuck ruhig auf deinen Stolz. Nur geh mir dabei aus den Augen. Von deinem Anblick wird mir übel.'

'Ein Wort erlaube mir noch', sprach Abdiel. 'Schulden wir Gott nicht wenigstens jene Dankbarkeit, die jedes Geschöpf seinem Schöpfer entgegenbringt? Bedenke: Ohne ihn wären wir nicht. Er hat uns erschaffen.'

'Warst du dabei?', fragte Satan. 'Ich meine, kannst du dich daran erinnern? Oh nein. Erzählt hat er es dir, und erzählen kann ich dir, wenn du mir ein wenig Zeit lässt, noch viel tollere Dinge. Du weißt nicht, ob er wirklich unser Schöpfer ist, aber du glaubst daran. Glauben.' Er schnaubte und fegte mit dem Saum seines Mantels über den Boden. 'Und wenn er zu dir sagte, wir wären alle deine Feinde? Und du müsstest zum Schwert greifen und uns töten? Glaubtest du ihm das auch? Und würdest uns alle niedermähen – deine Freunde, die stets zu dir hielten? Nur weil *er* es sagt und *du* es glaubst?'

Abdiel wollte gehen, doch Satan hielt ihn am Rocksaum fest. ‚Willst du mir die Antwort schuldig bleiben, Abdiel? Ich weiß, was du vorhast. Du willst zu seinem Thron gehen und ihm Bericht erstatten. Was ist, wenn er dir sagt: Kämpfe? Und dir sein Heer zur Seite stellt? Greifst du dann zu den Waffen und ziehst an der Seite seiner Lakaien in den Krieg gegen deine eigenen Kameraden?'

Abdiel riss sich los und schritt durch die Menge davon. Hohngelächter und spöttische Reden begleiteten ihn, und er beschleunigte seine Schritte, um nicht unversehens in eine wütende Faust oder ein gezogenes Schwert zu laufen.

Satan sah ihm nach, dann schüttelte er den Kopf und hob lächelnd die Brauen.

‚Nun mal ehrlich – was soll man von *so* einem halten?'“

Der Kampf im Himmel

„Was geschah dann?" fragte Adam den Engel Raphael.

Raphaels Blick verdüsterte sich. „Es kam, wie es kommen musste. Abdiel kam seiner Meldepflicht nach. Und der Tag war noch nicht vorbei, da hatte der Herr der Heerscharen bereits eine mächtige Armee aufgestellt, an deren Spitze der Erzengel Michael kämpfte. Schlachtbereit standen sie bei Son-nenuntergang mit ihren Kampfwagen und Rossen in den himmlischen Vorhöfen und forderten die abtrünnigen Engel Satans zum Kampf heraus. Wärt ihr Menschen bereits erschaffen gewesen, ihr hättet den Himmel als ein Meer von roten Blitzen gesehen und geglaubt, das Ende aller Tage sei gekommen. Unsere Streitmacht war der des Verräters natürlich zahlenmäßig überlegen; dennoch kämpften unsere Feinde tapfer bis zum Schluss. Vor allem Satan tat sich durch großen Mut und erstaunliche Behändigkeit hervor, und das Schicksal wollte es, dass er im Kampfgetümmel plötzlich seinem Feinde Abdiel gegenüberstand, beide mit erhobenen Schwertern, beide die Bewegungen des anderen taxierend. Ringsum wurde es still, und die Schlacht kam zum Stillstand, so wie während eines Sturms oft unvermutet eine Flaute eintritt und die Lüfte schwül und drückend werden.

‚Nun sieh, was du angerichtet hast, du Narr', sprach Abdiel. ‚Sieh, wie töricht es ist, sich gegen den Allmächtigen zu stellen.'

‚Ach nein, der kleine Meuterer hat seine Stimme wieder', spottete Satan. ‚Er traut sich wieder, mir die Stirn zu bieten, weil nun ein Heer ihm den Rücken stärkt. Du hast gezittert, als du unseren Versammlungsort verließest, Abdiel. Und wenn ich jetzt wollte, könnte ich schneller sein als du und dir mit meinem Schwert den Schädel spalten. Doch es wär schade drum: Nicht um deinen Schädel, sondern um die wunderbaren Qualen, die du noch erleiden wirst, wenn du deinem Herrn dienst, während ich frei sein werde. Ich möchte die Gelegenheit nicht verpassen, mich daran zu weiden. Denk also nicht, ich hätte Mitleid mit dir. Du bist ein Wurm, den man zertreten sollte. Doch weitaus anregender ist es, zuzusehen, wie der Wurm sich krümmt und zu spät begreift, wie unwürdig sein Leben doch war. So spät, dass er sich nun selbst danach sehnt, von Würmern zerfressen zu werden.' Er kratzte sich mit der Hand im Schritt, dann legte er sie seinem ehemaligen Gefährten aufs Haupt. ‚Ich segne dich im Namen der Finsternis, geliebter Bruder.'

Abdiels Lippen verzerrten sich, und es bereitete ihm Mühe, an sich zu halten. ‚Du, die Schande der Schöpfung, wagst es, so mit einem zu reden, der an Gottes Seite in den Krieg zieht? Ist dir nicht klar, was du angerichtet hast? Keiner im Himmel wusste, was das Böse ist und dass es überhaupt existiert; das Wort war uns gänzlich unbekannt.

Nun aber ist das Böse aus dir geboren, Morgenstern. Du hast es gezeugt, du bist sein Vater, und dem Vater des Bösen muss ich keinen Respekt erweisen. Geh mir aus dem Weg, oder ich lasse mein Schwert sprechen.'

'Du solltest lernen, selbst für dich zu sprechen. Schlag ruhig zu, du kannst mich ebenso wenig töten wie ich dich. Du kannst mich verwunden, verstümmeln, verjagen – aber wir Engel sind unsterblich und fliegen wie Feuerkäfer aus der Asche.'

Abdiel holte tatsächlich aus, doch seine Hand erstarrte in der Luft und war plötzlich wie versteinert. 'Der Erlöser ist gekommen', hauchte er, den Blick in die Ferne gerichtet, wo ein riesiger Streitwagen, aus dem breite Flammen züngelten, über das Schlachtfeld preschte. Vier Tiere führten das Gespann, und neben dem Messias thronte, mit Adlerschwingen, der Sieg. Ein Heiligenchor gab ihnen das Geleit, und zwanzigtausend weitere Streitwagen Jahwes fuhren hinterdrein. Auch Michaels Heer hatte sich dazugesellt, um an ihrer Seite zu kämpfen, unter *einem* Haupt.

'Gott hat seinen Sohn geschickt, um dem Gemetzel ein Ende zu bereiten. Gelobt sei der Erlöser.' Abdiel fiel auf die Knie, und Satan konnte es sich nicht verkneifen, ihn mit seiner Stiefelspitze in den Staub zu stoßen. Abdiel schrie, doch ihm war nichts passiert. 'Gelobt sei der Erlöser', murmelte er noch einmal, als Satan sich gemächlichen Schritts entfernte, um aus nächster Nähe zuzusehen, wie Gottes Gesalbter und sein Heer im Himmel wüteten.

Gegen eine solche Überlegenheit waren er und seine Armee natürlich machtlos. Der Sohn Gottes trieb die Rebellenschar bis an den Rand des Himmels, und hinab stürzten sie, neun Tage lang, in den Abyssos, der schrecklich ist wie ein Fiebertraum. Die Fratze des Chaos verzerrte sich in Wut und Schmerz, und gähnend fing die Hölle sie auf. Im Himmel aber wurden Loblieder gesungen zu Ehren des Heilands."

Adam und Eva hatten Raphaels Worten aufmerksam gelauscht und dabei fast ihr Mahl vergessen.

„Eine lehrreiche Geschichte", sagte Adam. „Da ihr sie so ausführlich erzählt habt, nehme ich an, sie enthält eine wichtige Botschaft für uns Menschen."

Raphael nickte. „Euren Söhnen sollt ihr sie erzählen und den Söhnen eurer Söhne. Denn der voll Neid auf Gott war, ist nun voll Neid auf euch. Auf euren Gehorsam hat er es abgesehen, damit auch ihr vor Gott in Ungnade fallt. Nur wenn ihr die Gebote haltet, kann euch nichts geschehen. Aber seid wachsam. Er ist nicht, wie ihr euch das Böse denkt. Wie Honig tropft es von seiner Zunge, wenn er redet. Er ist ein Meister der Verstellung."

Über die Wissbegier

Nach Raphaels Rede rieb Adam sich die Augen wie nach einem prophetischen Traum. Was Eva nur angedeutet hatte und von ihm ins Reich der Phantasie verwiesen worden war, schien eine reale Bedrohung zu sein.

Erst dachte er, es sei der Abendwind, der ihn frösteln ließ, dann aber spürte er es aus seinen Eingeweiden kommen und auf seinen Leib übergreifen wie ein Fieber. Selbst als Raphael ihm zum Trost von der Erschaffung der Welt und von Gottes Licht berichtete, das wie ein Diamant ins Chaos der ungeordneten Elemente brach, zitterte er noch.

„Ihr habt mich vieles zu begreifen gelehrt, und trotzdem sind da noch Fragen“, sprach er seufzend. „So fern ist der Mensch seinem Gott, dass er in seiner Torheit immerzu fragen und forschen muss.“

„Fragen und forschen sind nützliche Dinge.“ Raphael zog die Stirn in Falten. „Vorausgesetzt, das Fragen dient der Erforschung des göttlichen Willens. Vergleiche es mit dem Essen: Dient es der Sättigung des Leibes, ist dagegen nichts einzuwenden. Ist aber sein Motiv nicht Hunger, sondern Naschlust, dann wird dem Menschen vom Essen übel, und er kann, was er zu sich genommen hat, nicht mehr verdauen. Ebenso ist es mit einem Übermaß an Wissen. Das ist ein schlechtes Wissen, das nur noch der Neugier des Menschen dient, nicht mehr dem Hunger nach Gottes Gesetz. Der Ursprung allen Wissens – Gott selbst – lässt sich ohnehin nicht erforschen, und so wird die letzte aller Fragen stets ohne Antwort bleiben. Doch sag mir, was du nicht verstanden hast, Adam. Es gibt vieles, das zu wissen für euch gut ist.“

Adam sah zum Himmel, wo die Sonne ihrem Nachtlager entgegeneilte und nicht mehr blendete wie am Tag.

„Die Sonne verneigt sich vor der Erde“, sagte er, „und die Engel verneigen sich vor uns Menschen. Das ist seltsam. Kann es wirklich Gottes Wille sein, dass die höheren Wesen den niederen dienen, und dass der Würdige sich dem Würdelosen beugt?“

„Eine interessante Frage.“ Raphael dachte lange nach, bevor er antwortete. „Einst wird der Gottessohn als

Mensch auf dieser Erde wandeln, und was du für eine Vermutung hältst, wird seine Botschaft an die Menschen sein."

Nun mischte Eva sich in das Gespräch. „Dass die Sonne sich um die Erde dreht, ist also ein Gleichnis dafür, dass das Höhere sich dem Geringeren unterwerfen soll?"

„Du sagst es", sprach der Engel.

„Und wenn es nun umgekehrt wäre?" fragte Adam. „Wenn in Wahrheit die Erde sich bewegte und die Sonne stillstünde? Für unsere Augen würde sich nichts ändern – aber wäre das Gesetz dann nicht in sein Gegenteil verkehrt? Die Gesetze der Natur spiegeln doch stets den großen göttlichen Willen."

„Dein Fragen ist bereits zu bohrend", erwiderte Raphael. „Selbst wir Engel wissen nicht viel über die Bewegungen der Gestirne, und was wir wissen, hat Gott uns gelehrt. Vielleicht stellt sich ja wirklich eines Tages heraus, dass es dort oben ganz anders zugeht als unsere Augen es zu sehen meinen. Vielleicht sind deine Nachkommen so neugierig wie du, Adam, und erforschen mit komplizierten Apparaten den Himmel, um neue Sonnen und Monde zu entdecken. Wem aber wird es dienen? Ihrem Gottvertrauen? Oder nur ihrem Wissensdrang?"

„Es ist genug", sprach Adam. „Habt Dank für eure Worte. Vielleicht kann ich mich erkenntlich zeigen, indem ich euch von mir erzähle. Obwohl ich nicht weiß, wo ich beginnen soll, denn seinen eigenen Anfang kennt keiner."

So berichtete Adam dem Engel, dass er eines Tages auf einem Feld erwacht sei, wie einer, der nach langem Schlafe zu sich kommt. Der Herr habe zu ihm gesprochen und ihm erklärt, wo er sei und was das alles zu bedeuten habe. Er war es auch, der ihm die Früchte der Bäume zum Geschenk machte – außer jenen, die am Baum der Erkenntnis wachsen. Adam senkte den Blick.

„Ich will nicht schon wieder fragen", sagte er. „Doch ihr seid vertraut mit den Geheimnissen der Schöpfung und könnt mir sicher Auskunft geben. Erkenntnis des Guten und Bösen – was ist das eigentlich?"

„Wenn man es weiß, ist es schon zu spät", sprach Raphael. „Darum will ich es dir umschreiben. Man nennt es Urteilskraft, Standpunkt oder Unterscheidungsvermögen. Wenn euch der Himmel sagt, irgendetwas sei gut für euch, etwas anderes aber schlecht, könnt ihr das nur glauben, weil ihr euch nie selbst davon überzeugen konntet. Ihr tut, was Gottes Wille ist, und eigene Wünsche habt ihr nicht. Eigene Wünsche, ich schwör's euch, sind wie ein Mühlstein am Hals derer, die sie in ihrer Brust hegen. Nehmt Satan. Sein Wünschen war es, das ihn bitter werden ließ und schließlich zu Fall brachte."

Er nickte lange. „Lieber in der Hölle herrschen als im Himmel dienen – so lautete sein Wahlspruch. Doch er vergaß, dass keine Herrschaft dieser Welt die Qualen aufzuwiegen vermag, die man erleidet, wenn man von Gott getrennt ist. Dabei war er einmal Gottes Günstling. Vor seiner Schönheit wäre sogar Eden verblasst." Er seufzte wie einer, der sich an seine Jugend erinnert. „Doch wahre Schönheit ist nicht glänzendes Haar und wohlgeformte Glieder. Wahre Schönheit, Adam, ist Demut. Satan war von hübscher Gestalt, und trotzdem war er hässlich, weil es ihm an Demut mangelte."

„Erkenntnis des Guten und Bösen macht den Menschen also hässlich", resümierte Adam.

„Sie macht ihn eitel, sie macht ihn gierig, sie macht ihn zornig, geizig, wollüstig, unmäßig und träge. Vor diesen sieben Dingen hüte dich. Sei stattdessen demütig, das wiegt alles auf."

Nun mischte Eva sich wieder ein. „Du sagtest Wollust", wandte sie sich an Raphael. „Was genau ist damit gemeint?"

„Die Anfechtungen des Fleisches." Raphael lächelte geheimnisvoll.

Adam lächelte mit. „Als ich den Herrn im Garten Eden um Gesellschaft bat, zeigte er mir zuerst allerlei Tiere. Natürlich wusste ich, dass keines von ihnen mir die Art Gesellschaft leisten konnte, die ich meinte. Da entnahm Gott meiner Brust eine Rippe und erschuf daraus Eva."

Er sandte seiner Frau einen verliebten Blick. „Ein schöneres Wesen hatte ich noch nie gesehen. Und ihre Schönheit war es, die ein seltsames Feuer in mir erzeugte. Ich konnte meine Lenden nicht mehr zügeln, und mein Herz flatterte, sobald ich nur ihre Stimme hörte. Der Herr aber sprach zu mir: Lass dich nicht von deiner Leidenschaft verzehren. Deine Liebe zu Eva sei rein und möge dir zur Leiter werden, über deren Sprossen du in die Sphären der himmlischen Liebe einziehen kannst. Möchtest du mir diese Worte deuten, Raphael?“

„Es ist schon spät, und ich muss bald gehen“, sagte Raphael. „Ganz kurz aber will ich auf deine Frage eingehen. Hast du nie gesehen, was der Löwe mit der Löwin macht, der Hahn mit der Henne, der Hengst mit der Stute?“

Adam errötete. „Oh doch, er bespringt sie, wann immer er Lust dazu hat. Sie üben sich die ganze Zeit in Leidenschaft.“

„Du siehst also“, entgegnete Raphael, „dass Leidenschaft auch Tieren gegeben ist. Somit kann sie unmöglich eine jener Gaben sein, die dich zum Menschen machen und über das Tier erheben. Sie ist dir nur gegeben, um den Fortbestand deines Geschlechts zu sichern – deshalb lass dich von der Wollust nicht beherrschen, sondern beherrsche du sie. Auf deiner Bettstatt wird sie dich quälen, wenn du schlafen willst, und deine Tatkraft wird sie lähmen, wenn Arbeit und Pflicht dich rufen. Sei du ihr Herr.“

Erst jetzt bemerkte Adam, dass Eva sich in ihre Hütte verzogen hatte. Seit geraumer Zeit hatte sie kein Wort mehr gesagt, sondern nur ab und zu den Blick gesenkt.

„Es ist deine Pflicht, auch ihr das Gesetz zu verkünden“, sprach Raphael, bevor er sich zum Abflug rüstete. „Der Kopf von Weibern lässt sich viel leichter von Sehnsüchten vernebeln. Du wirst Mühe haben, ihr alles begreiflich zu machen. Für ihre Verstöße aber musst auch du dich vor Gott verantworten, und was sie zerstört, musst du wieder aufbauen. So will der Herr es, dessen Ratschluss unergründlich ist."

Ein Freund der Menschen

Es war spät in der Nacht, als Satan nach Eden zurückkam. Sieben Tage lang war er planlos durch die Lüfte gestreift, und planlos waren auch seine Gedanken gewesen. Wie sollte er es anstellen, wieder Einlass in den Paradiesgarten zu finden? An den Toren standen Wächterengel, die beim Anblick eines jeden Eindringlings unverzüglich ihr Schwert zückten. Doch noch ehe Satan mit dem Gedanken spielen konnte, sein Unternehmen vorerst aufzuschieben, fiel ihm am achten Tag auf, dass der Fluss Tigris auf der abgewandten Seite des Paradieses sich tief ins Erdreich bohrt und eine Tagesreise lang unterirdisch weiterfließt, bis er in Eden wieder ans Licht dringt. So gelang es Gottes Widersacher, schwimmend ins Paradies zurückzukehren.

Gleich nach seiner Ankunft wandte er sich Gottes Schöpfung zu – freilich nicht, um sie zu preisen, sondern um nach einem lebenden Werkzeug für seine Pläne zu suchen. Am besten von allen Tieren gefiel ihm die Schlange. „Sie scheint mir die klügste Kreatur zu sein. Sie ist leise, und wer leise ist, warnt weder vorzeitig seine Feinde noch beschämt er seine Freunde durch schlechtes Benehmen. Sie gilt etwas im Garten Eden. Ich bin wohl gut beraten, wenn ich sie in die engere Wahl ziehe."

Der Gedanke, sich zwecks Ausführung seiner Pläne auf die Stufe des Tiers herabzubegeben, wollte Satan zunächst nicht gefallen; nach einiger Überlegung jedoch kam er zu dem Schluss: „Ich bin im Krieg, und das ist ein Ausnahmezustand. Ich führe Krieg gegen Jahwe und seine Getreuen. Es gibt keinen Krieg, in den du mit sauberen Händen ziehst, um mit sauberen Händen ruhmreich heimzukehren. Du wirst dich oft erniedrigen müssen, und sei es nur, um den Feind zu täuschen. Ist es nicht sogar eine kluge Strategie, schwächer und dümmer zu erscheinen als man in Wahrheit ist? Der Gegner wird umso leichtsinniger sein und grobe Fehler begehen, die ihm dann zum Verhängnis werden. Der listige Krieger verbirgt seine hohe Stirn unter einer schäbigen Hutkrempe; er versteckt seine kraftvollen Extremitäten in Kleidern, die ihn schmal und zerbrechlich wirken lassen; und was das Schwert betrifft, so wird er den tödlichen Streich erst ausführen, nachdem er sich vor Tölpelhaftigkeit fast das eigene Ohr abgeschlagen hat."

Während er seine Strategie ausarbeitete, durchwanderte er mit neugierigen Augen den Garten Gottes. Er sah die Schatten der Wälder, lauschte dem Finkenschlag und besoff sich am Blütenduft. Anstatt jedoch einen Lobgesang auf Gottes Werk anzustimmen, sprach er:

„Nur Götter wissen die Schönheit der Welt zu preisen. Das Sklavengeschöpf, das Gott aus dem Menschen machen will, wird kein Auge für Licht und Farben haben. Es wird durch den Garten schlurfen, seine Sklavenarbeit tun, dann traumlos schlafen, um sich am nächsten Morgen wieder zu erheben, zu schuften und zu schlafen und so weiter." Er las einen Stein auf und schmetterte ihn gegen eine Baumrinde. „Was für ein Missbrauch. Ein Garten, so schön wie dieser, bewohnt von seelenlosen Kreaturen, die nur ihre Pflichttreue am Leben hält. Ein minderwertiges Geschlecht. Das kann ich nicht dulden. Ich werde dem Menschen ein Geschenk machen, das wertvoller ist als Blütenduft und Vogelgezwitscher. Ich werde ihm seine Freiheit schenken.

Jahwe erschuf den Menschen, weil er sein Ebenbild nicht zur Genüge bewundern konnte. Wie ein Affe, der stundenlang sein Bild im Fluss angafft, so ruht auch der Blick Jahwes fortwährend auf der ihm so ähnlich geratenen Kreatur. Was meine Engel und ich ihm verweigerten, das soll der Mensch nun wieder wettmachen, und dazu muss er dumm bleiben, um nicht aus Klugheit von Gott abzufallen. Aber ich werde den Menschen das Zweifeln lehren und ihn unbrauchbar für Gottes Pläne machen. Womit der Alte sich sechs Tage lang abgemüht hat, das will ich an einem einzigen Tag zerstören. Es soll meine zweite Großtat sein: Die Befreiung des Menschen aus der Knechtschaft."

Und er machte sich auf die Suche nach der Schlange, die er eingerollt unter einem Baum im Moos fand, und wie ein Nebel drang er durch den Mund in ihren Körper ein. Da schlug ihr Herz in Seinem Takt, und ihre und Satans Gedanken wurden eins. Als später die Morgensonne ihr Gold über Eden ergoss, verließ er sein Versteck, um Ausschau nach der Menschenfrau zu halten.

Ehe die Unschuld starb

Wie so oft unterbrachen Adam und Eva ihr Morgenmahl mehrmals, um dem Herrn für die Früchte des Ackers zu danken. Heute jedoch sah Adam Schatten der Besorgnis auf der Stirn seiner Frau und fragte nach einer Weile, was sie bedrücke.

„Die Arbeit“, antwortete sie. „Nicht dass ich sie ungern verrichte, dies wäre eine schwere Sünde vor dem Herrn; aber sieh doch: Es wächst hier immer mehr. Jeden Tag kommen neue Gartenabschnitte hinzu, die wir pflegen und bebauen müssen. Wenn wir immer nur beieinander bleiben, wird die Arbeit nie schneller vonstattengehen. Wir sollten uns das Tagwerk teilen – ich arbeite hier, du an einem anderen Ort. Am Abend kommen wir wieder zusammen, und die Vorfreude wird uns für alles entschädigen.“

Adam lächelte schuldbewusst. „Ich weiß, dass der Anblick unserer nackten Leiber der Arbeitsmoral nicht immer dienlich ist. Hin und wieder müssen wir uns einfach auf leibliche Weise versichern, dass wir Mann und Frau sind. Doch sieh es auch von der nützlichen Seite: Wenn wir dieses fleißig tun und jenes nicht lassen, werden wir bald nicht mehr allein sein. Starke Helfer wird dein Leib uns bescheren, ausgestattet mit der Kraft der Jugend. Und die Helfer werden neue Helfer hervorbringen, und wie Eden, so wächst und gedeiht auch unser Geschlecht."

Eva gab sich damit nicht zufrieden. „Deine Anhänglichkeit hat wohl noch einen anderen Grund", sagte sie. „Es lässt dir keine Ruhe, was Raphael gesagt hat, oder? Sogar im Schlaf hörte ich dich davon sprechen. Du glaubst, allein da draußen wäre ich zu schwach, dem Versucher zu widerstehen, stimmt's? Weshalb diese Zweifel an meinem Gehorsam?"

„Weil der Versucher ein Engel ist", erwiderte Adam. „Ich weiß, dass es keinem *Menschen* gelänge, dich zum Straucheln zu bringen. Doch Engel sind anders. Hilft ihnen ihre Schönheit nicht, so verlocken sie dich mit Falschheit. Und Satan gilt als besonders listig. Du könntest irrtümlicherweise glauben, Gott zu dienen, und dabei längst den Pfad zur Hölle beschritten haben."

Evas Atem war schwer und hektisch. „Soll das heißen, wir sind auf ewig zusammengeschweißt, und keiner kann einen Schritt ohne den anderen tun? Das ist es wirklich nicht, was ich mir unter Glück vorstelle. Heißt Liebe nicht auch, dem anderen manchmal seine Freiheit zu lassen und sich auf das Wiedersehen zu freuen? Außerdem erschuf Gott uns nach seinem Bild und gab uns bestimmt reichlich von seiner Stärke und Widerstandskraft."

„Er gab uns einen freien Willen", sagte Adam. „Und unsere Aufgabe ist es, diesem Ruf nicht zu folgen. Die Gefahren sind nicht da draußen, Eva, sie sind in unseren Herzen."

Sie seufzte. „Du befürchtest, ich könnte dir als Weib untreu werden. Du glaubst, der gefallene Engel könnte mich so blenden, dass ich mich ihm hingebe. Du zweifelst an der Macht deiner männlichen Reize. Doch glaub mir: Auch wenn die Erde voll von Männern wäre, könnte ich mir keinen besseren denken als dich."

Diese Worte schmeichelten dem Urvater der Menschen, und er sprach: „Wie du willst. Es ist mir lieber, du gehst fröhlichen Herzens, als dass du widerwillig bleibst. Aber lass dich von keinerlei Blendwerk betören, und was dir verlockend erscheint, dem geh aus dem Weg. Die gefallenen Engel wissen, wie sie's anstellen müssen. Wenn du stark bist, wird dir nichts geschehen."

Sie küsste ihn und holte sich, ehe sie in die Morgenkühle ging, noch etwas Wärme von seinem Körper. Dann floh sie federnden Schrittes durch ein Beet von Rosen, und Adam, der ihr nachsah, bis ihre Gestalt sich im Dickicht der Sträucher verlor, ahnte nicht, dass sie sich heute zum letzten Mal als unschuldige Menschen begegnet waren.

„Wie schön und rein du bist", sprach er, und der Wind rief ihr seine Worte nach, als wolle er spotten.

Ihr werdet sein wie Gott

„Wie betörend sie ist", grinste Satan, als er Eva zwischen den Fliederbüschen umherspringen sah. „Aber ist sie wirklich allein? Wo ist ihr Hüter? Der hängt ihr doch sonst wie eine Klette am Hals."

Er zog sich das Gewand straff. „Mein Gott, diese Brüste. Allmählich wird mir klar, was ich dort oben verpasst habe. Vielleicht sollte ich warten, bis sie schläft, und dann meine Schlangengestalt zu intensiveren Erlebnissen nutzen. Wir hätten sicher unseren Spaß, und das Paradies würde seinem Namen endlich alle Ehre machen. Aber sei's drum. Nun ist es Zeit für meine bühnenreife Leistung als Schlange. Meine Stimme muss süß klingen, wie Flötentöne, aber in dieser Disziplin bin ich ein Naturtalent. Was hab ich dem alten Jahwe nicht an Süßholz vorgeraspelt. Ich komme, holde Schönheit."

Es dauerte eine Weile, bis Eva die sich über den Boden windende Schlange bemerkte. Dann verfolgten ihre Augen voller Neugier den Weg des seltsamen Geschöpfs.

„Sei gegrüßt, Mutter der Menschen", sagte Satan.

Eva war zu verblüfft, um den Gruß der Schlange zu erwidern. „Wie eigenartig", sagte sie zu sich selbst. „Ein sprechendes Wesen aus dem Tierreich ist mir noch nie begegnet. Die Frösche quaken, die Hirschkuh blökt, und die Vögel erfreuen uns mit ihrem Gesang. Und von der Schlange heißt es zwar, sie sei das klügste unter den Tieren, doch dass ihre Kehle auch Menschenlaute zustande bringt, wusste ich bislang nicht."

Wie schade, dass Schlangen nicht lächeln können, dachte Satan. So muss ich mit Worten ersetzen, was mir an Mimik versagt bleibt.

„Du bist eine gute Beobachterin", sprach er. „Tatsächlich hat unser Schöpfer mir die Gabe zu sprechen nicht in die Wiege gelegt. Ein tonloses und nicht sehr einnehmendes Zischen war zuvor meine Muttersprache. Dann zog ich, ein paar Tage ist es her, am Abend meine Bahn durch Eden, hungrig vom Tag, und kam zu einem Baum, dessen Früchte mir schön und verlockend erschienen. Ich beschloss, meinen Appetit an ihnen zu stillen; doch schon beim ersten Bissen wurde ich gewahr, dass eine so köstliche Speise meine Zunge zuvor nie berührt hatte. Und damit nicht genug. Eine seltsame Wandlung ging in mir vor: Nicht nur, dass ich auf einmal klar und folgerichtig denken konnte, wie es sonst euch Menschen vorbehalten ist; es gelang mir sogar, meine Gedanken laut auszusprechen. Und mehr noch. Seit ich von jener Frucht gegessen habe, weiß ich auch, was Schönheit bedeutet. Vorhin, als du dich über meinen Gruß so gewundert hast, strahlte in deinen Augen die Unschuld von Gottes Schöpfung. Ich habe noch nie einen Engel gesehen, aber viel über sie gehört; und so vermute ich, dass sie dir ähneln, jene Geschöpfe, die Gottes Anmut am nächsten sind. Am liebsten würde ich jetzt, in der Mittagshitze, den schwitzenden Leib an deinen Brüsten kühlen. Aber du hast ja einen Gemahl, und der will allein mit deinen Brüsten spielen, was sein verdientes Vorrecht ist. Verzeih mir, wenn ich ungalant war."

„Wo wächst denn jener Baum, von dem du mir erzählt hast?" fragte Eva, die sich wünschte, auch Adam würde mitunter so freizügig mit ihr reden.

„Dort drüben ist ein kleines Myrrhengehölz, hinter dem ein Quell entspringt. Geh nur immer dem Gurgeln des Bächleins nach, dann kannst du den Baum nicht verfehlen."

Eva, die Adam mehr vermisste als sie noch vor ein paar Stunden geglaubt hatte, war froh, ein wenig Gesellschaft gefunden zu haben. „Zeigst du es mir?" fragte sie.

„Ja, aber um dich zu führen, bin ich entschieden zu langsam", sprach die Schlange. „Heb mich doch auf deinen Busen, dann kann ich mit dir Schritt halten und dir den Weg ins Ohr flüstern."

Sie tat es wie unter Zwang, und nach einiger Zeit sprach Satan: „Es ist doch weiter, als ich gedacht habe. Wir müssen erst noch da lang und hier vorbei, dann durch jenen Wald und über dieses Feld." In Wirklichkeit ließ er sie, um den Aufenthalt an ihrem Busen so lang wie möglich genießen zu können, tausend Umwege gehen. Als sie nach vielen Stunden endlich den Baum erreicht hatten, durchfuhr es Eva wie ein Blitz und sie sprach:

„Wir hätten uns den Weg sparen können. Diesen Baum kenne ich wohl; und wenn du davon gegessen hast, so ist das deine Sache. Ich aber darf es nicht. Gott hat es uns Menschen ausdrücklich verboten."

„Was? Ihr sollt den Garten bestellen und dürft nicht einmal von den Früchten essen?" fragte die Schlange entsetzt.

„Wir dürfen von allen Früchten essen. Nur dieser Baum ist eine Ausnahme. Gott sagt, wer davon isst, muss noch am gleichen Tag sterben."

Satan schwieg eine Weile, dann sagte er: „Das soll einer verstehen. Bist du sicher, dass dies der Baum ist, den Gott meinte?" Es gelang ihm, einen ratlosen Ausdruck in seine Schlangenaugen zu zaubern. „Ich habe schließlich schon vor Tagen davon gekostet und fühle mich noch immer sehr lebendig."

„Ich täusche mich nicht", sagte Eva. Aus Angst, sich zu versündigen, hatte sie sich sowohl den Ort, an dem der Baum der Erkenntnis wuchs, als auch seine Gestalt gut eingeprägt.

Satan ließ nicht locker. „Es kann nur ein Irrtum sein. Gott hat euch Menschen doch gesagt, herrscht über die Erde und macht sie euch untertan. Kaum zu glauben, dass einem Tier gestattet sein soll, was dem Menschen untersagt ist. Sieh dir den Baum lieber noch mal genauer an."

„Er ist es", sagte Eva. „Und ich werde mich hüten, von seinen Früchten zu essen."

Nun begann Satan zu lachen. „Natürlich", rief er. „Jetzt weiß ich, was es mit dem Baum auf sich hat. Hat Gott euch nicht gesagt, ihr sollt den Tod nicht fürchten? Klar hat er's euch gesagt, denn wer stark im Glauben ist, so heißt es, der braucht vor dem Tod keine Angst zu haben. Du weißt bestimmt, worauf ich hinaus will."

Eva wusste es nicht.

„Denk doch nach. Gott sagte, wenn ihr von den Früchten esst, werdet ihr sterben. Wer aber den Tod nicht fürchtet, den kann auch diese Drohung nicht schrecken. Gott will euch nur prüfen. Wenn ihr einen Bogen um diesen Baum macht, dann weiß er sofort, dass euer Glaube schwach ist, weil ihr Angst vor dem Tod habt. Esst ihr hingegen davon, so zeugt dies von eurem Gottvertrauen, denn dann lacht ihr dem Tod tapfer ins Gesicht. Dann bleibt euch die Belohnung, die auch mir durch den Verzehr zuteilwurde, sicher nicht verwehrt. Ich war ein Tier und wurde wie ein Mensch; ihr aber seid bereits Menschen, deshalb vermute ich, ihr werdet sein wie Gott."

„Willst du damit sagen, Gott hat gelogen, als er uns den Tod androhte?"

„Oh nein, wie könnte unser Schöpfer lügen. Ihr müsst nur seine Worte richtig deuten: Wenn ihr zu Göttern werdet, stirbt dann nicht der Mensch in euch? Er muss es ja, denn wo ein neues Feld bestellt werden soll, muss das alte erst abgemäht werden. Es ist ein glorreicher Tod, der euch erwartet; und noch viel glorreicher wird eure Geburt als Götter sein."

Noch immer umkoste die Schlange Evas Busen und kitzelte zärtlich mit der Zunge ihre Brustwarzen. Das Gefühl war Eva vertraut und dennoch neu. Mit einem Mal erschienen ihr die Früchte am Baum der Erkenntnis unwiderstehlich.

Sie streckte den Arm aus.

Zog ihn zurück.

Streckte ihn wieder aus.

Das Liebesmahl

Die Arbeitspausen, in denen das Menschenpaar sich für gewöhnlich dem Liebesspiel hingab, hatte Adam heute genutzt, um aus den schönsten Blumen, die er am Wegrand fand, eine farbenprächtige Krone zu flechten, mit der er Eva bei ihrer Rückkehr überraschen wollte

Doch auch Eva hatte, als sie um die Dämmerung kam, ein Geschenk dabei. Es war ein großer Zweig mit Früchten, den sie zunächst scheu hinter ihrem Rücken verbarg. Als Adam sie umarmen wollte, wich sie zurück und verspürte Unlust.

„Wo warst du so lange?" fragte er. „Du wolltest gegen Mittag hier sein. Und warum weichst du meinen Zärtlichkeiten aus, als hätten wir uns nie geliebt? Ist etwas geschehen?"

Sie schüttelte den Kopf und eilte in ihre Hütte, wo sie aus Salz, Wasser und dem Weizen, den Adam vom Feld gepflückt hatte, ein duftendes Brot für ihr Nachtmahl buk. Ihr Geschenk verbarg sie in einer Ecke. Wenig später trug sie das Essen auf.

„Erst lasst uns Gott danken." Adam faltete die Hände.

„Warum danken wir nicht der Sonne und dem Wind?" unterbrach ihn Eva. „Und warum nicht uns selbst? Wer hat denn unter Mühen das Korn vom Feld geerntet? Und Beeren von den Sträuchern gepflückt? Gott war es nicht. Unsere Leiber sind es, an denen ich den Schweiß der Arbeit rieche."

Adam schob seinen Brotbissen wieder aus dem Mund. „Wie redest du? Du lästerst den, der uns erschaffen hat."

„Er ist so groß, dass er meine Lästerungen sicher erträgt", höhnte Eva. „Und überhaupt: Warum hat er nicht eine Welt erschaffen, in der das Brot an Bäumen wächst? Dann könnten wir unsere Zeit für so viele andere Dinge nutzen. Die Welt erkunden etwa und alle Geheimnisse erforschen. Oder uns lieben, immer wieder, ohne Ende. Spiele zu unserer Zerstreuung erfinden. Aber nein, wir sollen immer nur schuften." Sie seufzte. „Und nun zerbrich dir nicht den Kopf über mein Verhalten. Lass es dir schmecken und freue dich auf den Nachtisch."

Nachdem Adam schweigend und ohne Appetit gegessen hatte, servierte Eva ihm den Zweig mit den Früchten. Er tat, als würde er sich freuen, obwohl er Obst für ein recht alltägliches Geschenk hielt.

„Du hättest den schweren Zweig nicht den ganzen Weg hierher tragen müssen", sagte er verlegen. „Es wachsen doch so viele Früchte in dieser Gegend."

Eva warf ihm einen geheimnisvollen Blick zu. „Solche Früchte wachsen nur an einem einzigen Baum im Garten Eden. Und nun iss."

Doch ein schwelendes Misstrauen hatte sich seiner bereits bemächtigt. Er ahnte längst, was mit seinem Weib geschehen war. Und er musste nicht lange in sie dringen, bis sie ihm alles gestand.

Ihm schauderte. In seinen Augen brannten Tränen. Er sah den Tod mit seiner Sichel durch die Baumkronen jagen.

„Warum hast du das getan? Du weißt, der Herr macht all seine Drohungen wahr, und wen er warnt, dem will er helfen, die Sünde zu besiegen. Ich wunderte mich schon die ganze Zeit, mit welcher Geringschätzung du von ihm sprichst. Jetzt weißt du, was Erkenntnis ist. Das Böse ist es, und in dir ist es, und zum Tod führt es."

„Und wenn schon", sagte Eva, „Lieber wissend sterben, als dumm auf dieser Welt vor sich hin vegetieren. Was nützt mir dieser Garten mit all seiner Fülle, wenn ich selbst nicht wachsen darf? Seit ich diese Frucht gegessen habe, wachse ich. Und meine Wachstumsschmerzen sind

mir ein Genuss. Ich sage dir auch, weshalb ich vor deiner Umarmung zurückgeschreckt bin, als ich nach Hause kam: Weil du, im Licht der Erkenntnis betrachtet, so klein und naiv aussiehst. Gar nicht wie ein Mann. Deine Augen blicken immerzu ängstlich gen Himmel, der Wohnstatt unseres Peinigers. Soll ich das erregend finden? Dein kantiges Gesicht, deine sehnigen Glieder – am Leib eines frommen Hasenfußes verlieren sie ihren Zauber. Hättest du mehr Mut, könntest du meinetwegen einer Schlange gleichen, und ich fände deine Nähe trotzdem berauschend."

Als er sie umarmen wollte, stieß sie ihn von sich. „Geh weg, frommer Schneckerich. Dein Wille ist weich wie das Fleisch einer Schnecke, und davor graut mir. Was dir zum Mann fehlt, ist Erkenntnis. Klugheit. Mut. Ich werde dir nicht mehr gestatten, mich zu berühren, bevor du nicht vom Schneckerich zum Mann geworden bist."

„Aber was soll ich tun?" Er blickte flehend gen Himmel, doch von dort kam keine Antwort, kein Wink.

„Iss von den Früchten, die ich dir mitgebracht habe", sagte Eva. „Das reicht, um ein Mann zu werden, vor dem ich Respekt haben kann."

Er begann zu frösteln. „Und wenn ich daran sterbe?"

„Frag lieber, was geschieht, wenn du weiterlebst, während ich sterbe? Wirst du die Einsamkeit ertragen? Mit den Tieren kannst du nicht sprechen. An ihnen kannst du dein Fleisch nicht befriedigen. Eden würde für dich zur Wüste werden. Du würdest hinunter zum Fluss gehen und als dummer Schneckerich sterben. Komm und iss, dann stirbst du als Mensch und stirbst klug. Oder stirbst gar nicht. Ich bin mir sicher, wir werden weiterleben. Gott ist ein Lügner."

„Gott ist ein Lügner", wiederholte Adam mit schwacher Stimme, als er in den Apfel biss. Am Himmel ballten sich schwarze Wolken zusammen, und Blitze zuckten wie ein Nest von Schlangen. Adams Leib jedoch umgab ein Hof aus Licht, und sie zogen sich zurück in ihre Hütte, um drei Tage und drei Nächte lang dem Liebesspiel zu frönen. Er setzte ihr die Krone aufs Haupt, die er für sie geflochten hatte, und sie krönte ihn mit den Blättern vom Erkenntnisbaum zum König ihrer Neuen Welt. Während all jener Stunden rollte durch den Kosmos Satans Gelächter. Sie aber hielten es für Donner.

Tribunal

An jenem Abend ward der Frieden von Gottes himmlischer Wohnstatt jäh erschüttert. Die Wächterengel, deren Aufgabe es war, den Eingang zum Paradies zu bewachen, und denen Satans Schandtat mittlerweile zu Ohren gekommen war, hatten Eden verlassen, standen nun vor Gottes Thron und beteuerten aufgeregt ihre Unschuld.

„Wir haben unsere Pflicht getan wie immer", riefen sie voller Inbrunst. „Der Schurke muss einen anderen Weg gefunden haben, um widerrechtlich in das Paradies einzudringen."

Gottes Kinn zitterte verdächtig, und nach langem Schweigen sprach er: „Spart euch das Wort Paradies. Das Paradies ist nicht mehr. Der Widersacher hat's zerstört und meine Pläne für eine vollkommene Welt zunichte gemacht. Aber stöhnt nicht und macht euch keine Vorwürfe – ich, der ich alles weiß, weiß auch, dass ihr eure Pflicht keineswegs vernachlässigt habt. Wie krämerhaft wär's, euch jetzt anzuklagen. Als wären's nicht derer genug, die in dieser Sache anzuklagen sind. Ich hab den Menschen gewarnt und ihm gesagt, wenn er vom Baume isst, muss er am gleichen Tage sterben ..."

„Dann sputet euch", unterbrach ihn einer der Wächterengel. „Die Sonne steht schon tief, und beizeiten wird

der erste Stern den Himmel schmücken. Wenn die Menschen sterben sollen …“

„Sie *werden* sterben, aber nicht heute“, antwortete Jahwe. „Ich habe beschlossen, ihren Tod zu vertagen. Stürben sie heute, was würde aus dem Menschengeschlecht? Sie hätten keine Gelegenheit mehr, sich zu mehren. Also muss ich warten, bis ihnen Nachkommen geboren sind. Sie sollen sterben, sobald … ich meine, dass sie sterben sollen.“

„Das heißt, sie sterben irgendwann, vielleicht im hohen Alter? Aber hattest du in deiner Weisheit, die höher ist als alle Vernunft, des Menschen Tod nicht ohnehin bei seiner Schöpfung eingeplant?“

„Wer behauptet das?“ lautete Jahwes Gegenfrage. „Wenn ich wollte, der Mensch würde ewig leben, so lebte er ewig. Wenn ich wollte, ich hätte ihn nie erschaffen, könnte ich sogar am Rad der Zeit drehen.“

Der Wächterengel räusperte sich zurückhaltend. „Wenn die Menschen ewig lebten, würde es dann nicht irgendwann zu eng sein in Eden? Ich meine, die Söhne zeugen Töchter, die Töchter gebären Söhne, und immer weiter so. Wäre da eine vergängliche Schöpfung nicht die klügste Lösung?“

„Sag du mir nicht, was klüger ist“, ereiferte sich Jahwe. „Ist denn die Erde alles, was ich schuf? Heb deinen Blick. Da oben gibt es Monde und Planeten. Mein Plan sah vor, dass die Menschen, wenn die Erde überfüllt ist, auf andere Himmelskörper ausweichen – auf den Mond, zum Beispiel.“ Er schlug mit der Faust auf die Lehne seines Thronsessels. „Dorthin aber sollen sie nun niemals gelangen. Für immer und ewig bleibe ihnen verborgen, wie der Mond beschaffen ist. Wort des Herrn.“

„Da wettet einer dagegen“, sprach der Wächterengel. „Satan ist davon überzeugt, dass der Mensch früher oder später den Mond erobern wird.“

„Die Wette gilt“, rief Jahwe. „Sollte es dem Menschen je gelingen, in den Kosmos vorzudringen, so gebe ich mich geschlagen und gestehe: Diese Welt gehört Satan. – Andernfalls bleibt sie mein.“

Nach diesem Omen rief Jahwe seinen Sohn zu sich und sprach: „Du sollst als Richter der Menschen Wohnstatt heimsuchen und sie ihrer gerechten Strafe zuführen. Es kommt der Tag, da wird mein Wille in deiner Gestalt Fleisch werden auf Erden, um die Sünden der Menschen auf sich zu laden, deshalb habe ich dich bei deiner Erschaffung mit der Fähigkeit zur Gnade ausgestattet. Lass deine Gnade walten in Eden, ohne der Gerechtigkeit abhold zu werden. Und nun geh und tu meinen Willen."

„Was meint er damit?" flüsterte der Wächterengel seinem Nebenmann zu, und ein aufgebrachtes Flüstern entstand.

„Dem Menschenweib verkünde", donnerte Gott weiter, „sie möge unter Schmerzen und Mühen gebären. Das ist der Lohn für ihre Übertretung. Und Adam sei ihr Herr, dem sie zu gehorchen habe. So soll das Weib dem Manne untertan sein, solange die Herrschaft Jahwes Bestand hat. Wort des Herrn."

„Und Adam?" fragte Gottes Sohn. „Welche Strafe hast du für ihn vorgesehen?"

„Er soll den Acker unter Fluchen und Murren bestellen. Disteln und Brennnesseln mögen ihm sein Tagwerk zur Folter machen. Denn die Erde ist verflucht um seinetwillen, und jedes Stück fruchtbare Scholle soll er ihr abringen mit Blut und Schweiß."

„Du vergisst, dass der eigentliche Übeltäter der Morgenstern ist", gab Gottes Sohn zu bedenken. „Er war es schließlich, der Eva in Gestalt einer Schlange verführte."

„Ich weiß. Darum such die Schlange und verfluche sie in meinem Namen. Den Menschenweibern soll es vor ihrem Anblick grauen, und ihre Männer sollen sie zertreten und ihre Brut vernichten. Bis zum Jüngsten Tag soll sie sich staunend fragen, weshalb der Mensch ihr zum Feind geworden ist, und keine Antwort bekommen. Als Ungeziefer möge sie ..."

Gottes Sohn runzelte die Stirn. „Es war nicht die Schlange, die Eva verführte", sagte er. „Der Widersacher hat sich nur ihres Leibes bedient. Wenn du nun die Schlange an Satans statt verfluchst, strafst du dann nicht den Falschen?"

„Wer ohne Fehl ist, in den kann Satan nicht eindringen", rief der Herr. „Da er ihren Leib in Besitz nahm, muss sie von Anfang an schlecht gewesen sein."

„Deine Schöpfung? Schlecht?" Der Gesalbte sah den Herrn ungläubig an.

„Geh und erfülle deinen Auftrag. Möge sie doch protestieren, wenn sie meint, dass mein Urteil ihr nicht gerecht wird. Möge sie doch so beredt sein wie damals, als sie Eva in den Abgrund der Sünde stürzte. Und nun geh."

Der Sohn verließ den Thronsaal zusammen mit den Wächterengeln. Schwermut überkam ihn, als er einen von ihnen flüstern hörte: „Es ist nicht mehr wie damals, als er jung war und sein Urteil messerscharf. Die Enge dieser kleinen Welt hat seiner Logik schwer geschadet." Doch der Erlöser sagte nichts, sondern reiste nach Eden und verkündete den Menschen das Urteil, wie sein Vater es ihm aufgetragen hatte. Da sie sich ihrer Nacktheit wegen schämten, die ihnen aufgrund der Erkenntnis bewusst geworden war, schenkte er ihnen Kleider, um ihre Scham zu bedecken. Auch die Schlange suchte er und fand sie auf dem Felsen am Hang eines Weinbergs, wo sie mit ihren neugeborenen Jungen in der Sonne spielte. Als sie sein Urteil vernahm, erschrak sie und wollte traurig Einspruch erheben. Doch da Satan nicht mehr in ihr wohnte, war ihr auch die Fähigkeit zu sprechen verlorengegangen, und sie musste ihre Verfluchung widerstandslos hinnehmen.

Als der Gesalbte nach dem großen Tribunal wieder Richtung Himmel abreiste, blies ein eisiger Wind auf den Wiesen und Feldern.

Satans Manifest

„Wie kann man nur so blöd sein", kicherte Satan auf seinem Heimflug Richtung Hölle. „Kleider hat er ihnen geschenkt. Seinen erklärten Feinden, die nicht mal Danke sagten. Kein Zweifel, die Menschen haben es verdient, gekleidet zu werden, und ich hätte gern Sorge dafür getragen. Aber wenn die gegnerische Partei mir die Versorgung meiner Verbündeten abnimmt, nehme ich diesen Akt von Selbstzerfleischung natürlich mit Kusshand entgegen. So werden die Dummen und Frommen allezeit handeln. Gnade mit dem Gegner. Weil er doch auch nur ein Mensch ist, o Gott o Gott. Weil sie ihre Rührseligkeit weiter vererben von Geschlecht zu Geschlecht, werden die Frommen krepieren, und die unbarmherzig gegen ihre Feinde sind, werden bestehen. Barmherzigkeit denen, die Barmherzigkeit verdienen. Aber doch nicht dem Feind. Womit habe ich solch dämliche Rivalen verdient?"

Er duckte sich, da er fast mit zwei anderen Gestalten zusammengeprallt wäre, die aus der Gegenrichtung auf ihn zuflogen. Im Osten ging schon die Sonne auf, und am Horizont leuchtete das Sternbild des Widders.

„Ach, ihr seid es", murmelte Satan. „Wohin des Wegs?"

Es waren seine Tochter, die Sünde, und ihr gemeinsames Kind, der Tod.

„Wir sind unterwegs nach Eden. Wir haben die frohe Kunde von deinem Triumph vernommen. Jetzt, da Eden *unser* Paradies geworden ist, wollen wir dort einziehen und feiern und auf ewig mit dir herrschen. Gratuliere zu deinem triumphalen Sieg."

Satan grinste verschämt. „Verzeiht, wenn ich nicht sofort mitkommen kann. Ich muss meinen Brüdern in der Hölle erst ein paar Veteranengeschichten erzählen. Ich hoffe doch, es geht ihnen allen gut?"

„Wie man's nimmt", sagte die Sünde. „Er hat sie heute Morgen in Schlangen verwandelt. Und lauter Bäume aufgestellt, die dem Baum der Erkenntnis gleichen, doch sobald sie davon essen wollen, ist's wie Asche auf ihren Zungen."

Satan fasste sich an den Kopf. „Taschenspielertricks. Gaukelei. Das ist typisch für ihn. Ich habe seine Welt in Schutt und Asche gelegt, und ihm fällt nichts Besseres ein, als Kaninchen aus dem Ärmel zu zaubern. Na, jeder wie er kann."

„Auf Flehen seines Sohns hat er die Verwandlung allerdings auf wenige Stunden beschränkt. Es ist nur als Denkzettel gedacht. Danach werden sie zu ihrer alten Dämonengestalt zurückkehren."

Satan lächelte gerührt. „Ich komme mir vor wie ein Berserker, der auf ein hungerndes Kind eindrischt. Immer diese Gnade. Verschissene Gnade. Wenn ich wüsste, dass es aus seinem Herzen kommt, heiliger Strohsack, ich schmölze dahin. Aber ich kenne ihn lang genug, um zu wissen, dass er einen Skorpion dort hat, wo man ein Herz vermuten würde. Was habt ihr nun vor?"

„Die Erde in Besitz nehmen", sagte der Tod.

„Jeder nach seiner Art", ergänzte die Sünde.

„Unter deiner Herrschaft." Es kam wie aus einem Munde.

„Ich darf euch ein paar Anweisungen mit auf den Weg geben", sagte Satan. „Erst dir, Tochter Sünde. Du wirst noch viele Kinder gebären. Den Zorn, die Gier, die Genusssucht, die Eitelkeit, die Fleischeslust, die Faulheit und den Neid. Bildhübsche Kinder, eins liebreizender als das andere. Und jedes wird ein Freund der Menschen sein, genau wie ich. Ohne den Zorn ist der Mensch schwach und wehrlos. Ohne die Gier versandet sein Leben im seichten Wasser. Ohne den Genuss ist es wie eine Speise ohne Salz. Ohne die Eitelkeit stinkt er und bleibt ein peinlicher Anblick. Ohne die Fleischeslust bleibt ihm das gigantischste aller Abenteuer versagt. Ohne die Faulheit ist er ein Ackergaul, immer im Dienst seiner Unterdrücker. Ohne den Neid hat er kein Ziel. Darum seid furchtbar und mehret euch."

Sie stimmten ein langes Hohngelächter an. Dann wandte Satan sich an den Tod.

„Wärst du nicht, würden Moder und Verfall die Patina der Erde tränken. Ohne den Tod gibt es keine Bewegung, ohne ihn ist nur Stillstand. Die Larve muss sterben, wenn das Insekt ans Licht treten will, und ohne den Tod der Blüten vom Vorjahr wäre der Frühling eine Zeit der Fäulnis.

Alte Ideen müssen begraben werden, damit Platz wird für neue Ideen, und wer nicht Abschied nimmt vom Überkommenen, der weiß nicht um das Geheimnis der Geburt. Wo deine Sense wütet, wehen frische Lüfte. Aber wo der Tod nicht ist, wird alles schwer und schwül wie im August, wenn die Natur einem Tümpel gleicht und aus ihren Poren nichts als Krankheit steigt. Tu dein Werk gründlich, vernichte und zerstöre. Friss auf, was überflüssig ist."

Mit diesen Worten entließ er sie, und als er später das Höllentor erreichte, hatten seine Gefährten bereits ihre ursprüngliche Gestalt zurückerlangt. Er hielt eine feurige Rede und ließ sich preisen, und in seinen Adern spürte er den Kitzel des Triumphes.

Aufrüstung

„Es ist so anders geworden in Eden", sagte Adam zu Eva. „Ich sah große Vögel, die sich Fische aus den Gewässern pickten. Und den Bären sah ich, wie er ein Lamm zerfetzte. Man könnte meinen, der Krieg wäre ausgebrochen."

„Es sieht nur aus wie Krieg", erwiderte Eva. „Die Schlange hat mir alles erklärt. Ab heute gelten hier die Gesetze der Natur. Die Natur gibt und nimmt. Du frisst und wirst gefressen. Ein ewiger Kampf. Und weil Kämpfen stark macht, wird sich das Geschlecht der Menschen dadurch weiterentwickeln."

Als sie Adams Kehlkopf traurig zucken sah, fragte sie: „Du willst doch nicht etwa durchs Leben gleiten wie durch matschiges Laub? Macht nicht das tägliche Abenteuer die Welt erst erträglich? Ab sofort werden wir unser Nachtlager vor Wölfen schützen müssen, aber wieviel behaglicher wird es in deinen Armen sein, wenn ich weiß, dass das Gute und die Geborgenheit keine Selbstverständlichkeit sind. Mir ist, als wäre ich jetzt erst geboren."

Sie lagen unter einem Dattelbaum, nunmehr angetan mit den Kleidern, die Gottes Sohn ihnen geschenkt hatte. Vor ein paar Stunden hatte Eva ihrem Mann gestanden, dass sie ein Kind in ihrem Leib trug.

„Wie unsere Nachkommen wohl sein werden?“ fragte Adam sie jetzt. „So wie wir vor dem Sündenfall waren oder so wie wir jetzt sind?“

„Die wie Adler sind, werden bestehen“, sagte Eva. „Und die wie Würmer sind, werden umkommen. Auch das weiß ich von der Schlange.“

„Sie hat dir eine Menge verraten.“

„Ja, auch dass unsere Kinder sich nicht damit zufrieden geben werden, in Grashütten zu wohnen. Sie werden sich gigantische Höhlen aus Stein erbauen, mächtig wie ein Gebirge. Und das erste ihrer Bauwerke wird Jahwe vor Zorn vernichten. Wenn aber unsere Enkel und Urenkel sich als so zäh und selbstbewusst erweisen wie wir, wird er seinen Widerstand bald aufgeben.“

Adam schmiegte seinen Kopf an ihren Bauch, und ein Nieselregen ging nieder, der den Gräsern Stimmen verlieh. „Was hat die Schlange dir noch prophezeit?“

„Eines Tages, sagt sie, wird Gott es bereuen, dass er uns überhaupt erschaffen hat. In blindem Zorn wird er eine große Flut schicken, nach der nur ein paar seiner Lieblinge am Leben bleiben. Aber dein Same ist in allen von ihnen, Adam. Der Apfel, von dem wir gekostet haben, wird niemals aufhören, im Menschen zu wirken.“ Ihr Blick verlor sich im Himmel, ehe sie weitersprach. „Nach der Frucht vom Erkenntnisbaum will die Schlange uns übrigens noch ein zweites Geschenk machen. Ich wollte wissen, was für ein Geschenk das ist, aber sie sagte, wenn die Zeit reif sei, würden die Klugen es von selbst begreifen. Eine Waffe soll es sein, mit deren Hilfe die Kinder der Schlange stets die Sieger bleiben werden."

„Hört sich verlockend an", sprach Adam. „Vielleicht ein ganz besonderes Schwert?"

Sie schüttelte den Kopf und sog den Duft seiner Achselhöhlen ein. „Mehr als ein Schwert", flüsterte sie. „Gegen diese Waffe, sagt die Schlange, seien alle Schwerter dieser Welt machtlos."

Jahwes Meisterplan

„Dahin. Mein Lebenswerk ist dahin", rief Jahwe, der seinen Hofstaat um sich versammelt hatte und eine seiner gefürchteten Krisensitzungen abhielt. „Seine Handlanger sind schon unterwegs nach Eden. Ich sah sie in ihren schwarzen Mänteln durch die Lüfte brausen: den Tod und die Sünde. Wo Tod und Sünde Einzug halten, verliert das Göttliche seine Macht, und die Natur schlägt Schneisen in die Schöpfung. Alle Herrlichkeit ist dann nur noch ein frommer Wunsch. Ich muss etwas unternehmen."

„Warum schmetterst du nicht einfach einen Feuerball auf Eden?" fragte ein Cherub.

„Oder lässt alles grüne Kraut verwelken und hungerst sie aus", schlug ein anderer vor.

„Weil ich bereits andere Pläne habe", antwortete Gott, nunmehr etwas gefasster. „Ich werde diese Welt erneuern. Ganz von vorn beginnen. Eine neue Schöpfung aus dieser alten machen. Aber nicht sofort. Erst will ich, dass die Menschen sich vermehren und zu einem großen Volk werden. Die Sünde, daran kann ich nichts ändern, wird natürlich nicht von ihnen weichen. Darum sind sie alle mitschuldig an Adams Vergehen. Seine Schuld vererbt sich von Geschlecht zu Geschlecht. Kein Kind, das den Mutterleib verlässt, wird ohne Schuld sein. Vom ersten Tag an prangt die Sünde wie ein dunkles Mal auf seiner Stirn."

Unter den himmlischen Heerscharen machte sich zustimmendes Gemurmel breit. Auch diejenigen, die Jahwes Worte nicht kapiert hatten, nickten und beschlossen, zu einem späteren Zeitpunkt darüber nachzudenken. Nur einer fragte mit der Miene des wissbegierigen Schülers:

„Wie kann jemand sich der Sünde schuldig machen, ohne selbst gesündigt zu haben?"

„Wenn er die Sünde erbt, warum denn nicht?" entgegnete Gott unwirsch. „Wer von seiner Mutter eine große Nase erbt, der hat eine große Nase im Gesicht, oder nicht?"

„Er hat sie, ohne Zweifel. Doch kann man ihn wegen dieser Nase schuldig sprechen?"

„In einem Land, wo große Nasen verboten sind, auf alle Fälle. Wen bitteschön soll ich schuldig sprechen außer den, der die Nase hat?"

„Nun, vielleicht hätte er sie nicht, wenn er selbst über seine Nase bestimmen könnte…“

„Selbst bestimmen. Selbst bestimmen. Das ist alles, wonach es den Menschen drängt, seit er von dieser vermaledeiten Frucht gegessen hat. Im Übrigen zeugt es von wenig Respekt, eine Krisenrede wegen solcher Lappalien zu unterbrechen. Ich wollte meine Pläne skizzieren, und die lauten wie folgt: Wenn eines Tages der ganze Planet so voll von Nachkommen Adams ist, dass die Sünde wie ein jahrtausendealtes Aas gen Himmel stinkt, werde ich den Menschen – ihre Sünden wieder erlassen. Dies geschieht, indem ich einen Sündlosen, Unsterblichen schicke, der die Strafe für ihre Sünden auf sich nimmt.“ Er schielte zu seinem Sohn, der ebenfalls bei der Versammlung zugegen war. „Er wird für die ganze Menschheit leiden – und sie dadurch retten. Er wird Mensch werden und als Mensch sterben, damit ihnen ihre Sünden vergeben sind.“

Einige Engel machten sich Notizen. Manchmal verstand man Dinge erst, wenn man sie schriftlich hatte. Jahwe sah triumphierend in die Runde. „Ich hoffe, ihr habt aufmerksam zugehört. Möchte jemand meine Worte zusammenfassen?“

Der wissbegierige Engel meldete sich. „Also, erst vermehren sich die Menschen und werden immer sündiger, auch ohne explizit gesündigt zu haben, dann muss ein anderer, der nie gesündigt hat, für ihre Sünden büßen, indem er stirbt, obwohl er unsterblich ist, wodurch den Menschen ihre Sünden wieder erlassen sind.“

„Ganz genau“, sagte Jahwe. „So lautet mein Meisterplan. Ein neuer Himmel und eine neue Erde werden entstehen, und die Welt wird wieder sein wie einstmals Eden.“

„Und was ist mit der Sünde?“ fragte Jahwes Schüler. „Ich vermute, nach dem Sühnetod des Erlösers wird die Sünde nicht mehr existieren. Heißt das: Keine Kriege mehr? Keine Bluttaten?“

„Keine Kriege, keine Bluttaten mehr. So wahr ich der Fürst dieser Welt bin. – Aber kommen wir zum nächsten Punkt. Der Mensch im Paradiesgarten ist mit einer außergewöhnlich milden Strafe davongekommen. Dennoch kann ich nicht dulden, dass er weiterhin dort wohnt. Es steht in Eden ein Baum, von dessen Früchten Adam und Eva auf keinen Fall essen dürfen ...“

„Ist das nicht ein Tagesordnungspunkt aus einer früheren Sitzung?“ Der Zwischenrufer kramte in seinen Akten.

„Nicht so vorlaut“, rief Jahwe. „Ich spreche nicht vom Baum der Erkenntnis, sondern vom Baum des Lebens.“

„Vom Baum des Lebens?“

„Ja. Vom Baum des Lebens zu essen hätte dem Menschen nie geschadet, wäre er nicht den Einflüsterungen der Schlangenbestie verfallen. Nun aber, da Adam und Eva vom Baum der Erkenntnis gekostet haben, dürfen sie auf keinen Fall die Früchte vom Lebensbaum genießen. Die Konsequenzen wären fürchterlich.“

„Welche Konsequenzen, gütiger Herr?“ fragte der Engel.

Gott starrte eine Zeit lang an die Decke seines Thronsaals. Dann sagte er: „Nun, sie würden ewig leben.“

Erneut ging ein Raunen durch die Engelschar. „Beim Erkenntnisbaum hat er behauptet, sie würden noch am gleichen Tag sterben“, flüsterte einer seinem Nebenmann zu. „Na, und sind sie vielleicht tot? Ich wette, das ist schon wieder eine Lüge.“

„Um den Baum des Lebens vor Übergriffen zu schützen“, fuhr Jahwe fort, „bitte ich den Erzengel Michael, noch am heutigen Tag die Zahl der Wächterengel zu verdoppeln, so dass sie in noch dichteren Formationen den Paradiesgarten bewachen können. Das letzte Mal drang Satan über einen unterirdischen Fluss nach Eden ein. Darum soll ab sofort jeder Strauch, jeder Grashalm einer ständigen Beobachtung unterliegen. Die beiden Menschen aber, Michael, sollst du aus dem Garten verjagen mit einem flammenden Schwert. Wenn sie auch jammern und

flehen, hör nicht auf sie. Und kein Wort über den Baum des Lebens. Brich nun auf und tu deine Pflicht.“

Herbst

So kam der Tag, an dem der Herr bittere Vergeltung an den Menschen übte. Adam und Eva mussten das Paradies verlassen und sich anderswo eine Wohnstatt suchen. Der Sommer ging, und nachts nagte der Frost an den Bäumen im Garten Eden. Wie Gott ihm befohlen hatte, verdoppelte Michael die Schar der Wächterengel und entsandte viele neue Krieger nach Eden, die nicht nur sämtliche Tore vor Eindringlingen schützten, sondern auch abwechselnd unter dem Lebensbaum Wache hielten, so dass weder Mensch noch Dämon sich an seinen Früchten vergreifen konnte.

Die gerade keinen Dienst hatten, wärmten sich am Feuer und erzählten sich Geschichten. Einer erwies sich darin als besonders talentiert – es war ein hochgewachsener Engel mit blondem Schopf, der sich ihnen als Azrael vorgestellt hatte. Trotz seiner Jugend und seines kecken Grinsens schien er einer aus Gottes Elite zu sein, denn es zeigte sich, dass er in die großen Geheimnisse des Himmels eingeweiht war und seinen Kameraden viel erzählen konnte, von dem sie nichts wussten.

„Dieser Baum des Lebens“, sagte er, „hat natürlich nichts mit dem ewigen Leben zu tun. Seine Früchte sind von ganz anderer Wirkung. Wer sie verzehrt, der kann seine Gedanken zu Realitäten machen. Das nennt man Wünschen. Er denkt an Regen – und die Schleusen des Himmels öffnen sich. Er denkt an Gold – und entdeckt verborgene Schätze. Wer vom Baum des Lebens isst, dem ist nichts mehr unmöglich. Kein Wunder, dass Jahwe den gierigen Menschen diese Frucht vorenthält. Wo kämen wir hin, wenn jeder haben könnte, was er will?“

Die Wächterengel nickten und schwiegen. Was dieser Azrael nicht alles wusste. War er vielleicht gar der Sohn Gottes, der in Verkleidung gekommen war, um sie zu prüfen? Immer wieder stellten sie ihm Fragen und ließen sich alles erklären.

„Jahwe sagt, der Baum des Lebens sei für den Menschen erst eine Gefahr, seit er vom Baum der Erkenntnis gegessen hat. Stimmt das?“

„Meinst du etwa, unser Herr lügt?" fragte Azrael. „Wer nicht die Erkenntnis von Gut und Böse, von Köstlich und Abscheulich hat, der hat auch keine Wünsche. Um zu begehren, bedarf es eines eigenen Willens. Ach ja, Begehren ..." Er seufzte. „Habt ihr je gesehen, was Adam und Eva machten, wenn sie allein in ihrer Hütte waren?"

Die Wächterengel zuckten ratlos die Schultern. „Sie lagen aufeinander und stöhnten. Weiß der Himmel warum."

„Der Himmel weiß es, und die Hölle weiß es noch besser", sagte Azrael. „Sie hatten das gigantischste Abenteuer der Welt für sich entdeckt – den Beischlaf. War euch nicht auch manchmal ganz flau ums Herz, wenn Eva nackt in einem See schwamm und ihr sie heimlich beobachten konntet? Hattet ihr da keine Lust, euch am nächsten Baum zu reiben? Ertapptet ihr euch nicht dabei, wie eure Hände nicht mehr brav am Griff eures Schwertes ruhten, wie es sich ziemt? Eure Gesichter verraten mir, ich liege da nicht falsch."

Er lachte. „Großer Gott, eines Tages wird es auf dieser Erde von Menschenweibern nur so wimmeln. Ich glaube nicht, dass ihr euch dann zügeln könnt. Nein, ihr werdet sie besteigen und euch mit ihnen vermählen, und eine wunderbare neue Rasse wird daraus entstehen – die der Gottmenschen. Die arme Eva. Sie denkt wohl, der Vater ihres ersten Sohns, mit dem sie bald niederkommen wird, wäre Adam. Aber sie hat ihn von einem Engel empfangen. Einem Engel, der – nun, sagen wir, listig wie eine Schlange war."

Die Wächterengel warfen einander anklagende Blicke zu. Mehr als einmal hatten sie die nackte Eva beobachtet, wenn Adam schlief oder unaufmerksam war. Hatte etwa einer es gewagt, sie zu besteigen?

„Kennst du diese Gefühle aus eigener Erfahrung?" fragten sie Azrael, doch der schüttelte den Kopf.

„Gott hat mich so erschaffen, dass ich keinen Gefallen am Fleisch der Weiber finde. Manchmal tut's mir fast leid, denn es soll keine Empfindung geben, die jener gleicht. Aber ich bin zu höheren Zwecken ausersehen und kann nicht in Versuchung geführt werden."

Erneut argwöhnten manche, Azrael sei der wunderbare Christus, der nur ihre Standhaftigkeit prüfen wolle.

„Beischlaf." Er sprach es aus, als könne er das Wort auf seiner Zunge schmecken. „Ihr bräuchtet nur die Frucht vom Baum des Lebens zu essen, und schon wüsstet ihr, was das ist. Ihr würdet euch eine Frau wie Eva wünschen, und im nächsten Moment stünde sie vor euch. Und da es außer ihr noch keine Frauen gibt, käme sie wohl selbst. Aber sie ist Adams Eigentum. Seid also respektvoll und beherrscht euch."

Die Wächterengel schwiegen ratlos. Bislang waren ihre Gedanken rein geblieben, wenn sie unter dem Baum des Lebens Wache hielten. Jetzt, wo sie wussten, was es damit auf sich hatte, würde dies eine schwere Prüfung werden.

„Sagtest du nicht, du wärst immun gegen solche Gefühle?" fragte einer. „Dann sollte vielleicht künftig keiner außer dir am verbotenen Baum wachen?"

Azrael schüttelte den Kopf. „Gott würde euch für eure Pflichtvergessenheit tadeln."

„Ein Tadel, den wir leichter ertrügen, als die Gewissheit, gefehlt zu haben."

„Aber wir müssten es vor ihm geheim halten. Und ich bin es Gott schuldig, keine Geheimnisse zu haben, auch nicht mit meinesgleichen." Als Azrael lächelte, zauberte der Widerschein des Feuers einen mutwilligen Glanz in seine Pupillen. Er zwinkerte den Engeln zu wie alten Freunden. „Na schön. Wenn ihr anderweitig eure Pflichten zuverlässig ausübt, will ich nicht kleinlich sein. Überlasst mir den Baum, und haltet eure Gedanken rein."

Und so sahen sie beim morgendlichen Schichtwechsel, wie der junge Gottesbote aufbrach, um sein Lager unter dem Baum des Lebens aufzuschlagen. Sie aber gingen an ihren eigenen Ort.

Im Gras unter dem Baum lag die Schlange, zusammengerollt und schlummernd. Azrael bückte sich und streichelte ihren Rücken. „Hallo, Schatz. Diesmal werde ich deinen Leib nicht für meine Zwecke missbrauchen. Diesmal darfst du getrost weiterschlafen."

Er kicherte. Dann stopfte er sich den Mantel voll mit Früchten vom Baum des Lebens und flog auf schwarzen Flügeln davon, um den Menschen ihr Geschenk zu bringen.

Oliver Fehn
Die Klavierbrücke
Roman

Pandämonium Verlag
ISBN: 978-3-9813482-4-8
152 Seiten, Paperback
Preis € 11 ,90

Ein Dorf, in dem es scheinbar nicht mit rechten Dingen zugeht – und ein 15-jähriger Junge der dort bei seiner verschrobenen Tante Lissi wohnt und nur eins will: Hinaus in die Welt der Städte.
Um seiner Langeweile beizukommen, hat er die Gabe entwickelt, sämtliche Dorfbewohner an der „Musik“ zu identifizieren, die ihre Füße auf der Klavierbrücke spielen – einem morschen Holzsteg, der direkt an Lissis Haus vorbeiführt. Als eines Nachts ein Mord geschieht, erkennt er den flüchtenden Täter an seinen Schritten – doch keiner will ihm glauben. Als dann noch sein bester Freund, der freche Rotschopf Wolfi, in Verdacht gerät, spitzen die Dinge sich zu.

Oliver Fehn
HITZEMOND
Erzählungen

Pandämonium Verlag
ISBN: 978-3-9813482-9-3
212 Seiten, Paperback
Preis € 17,95

In HITZEMOND von Oliver Fehn geht es keineswegs um Geister, Vampire und Monster – nein, die Ängste, Abgründe und Schattenseiten des Menschen sind Thema dieser 12 Geschichten, die in trostlosen Dörfern, alten Schulhäusern, unheimlichen Dachböden, einsamen Bars, gigantischen Städten bei Nacht – und manchmal auch in ganz schlichten Kinderzimmern spielen.

Oliver Fehn
Judith und Jolanthe
Novelle

Pandämonium Verlag
ISBN: 978-3944893044
104 Seiten, Paperback
Preis € 8,95

Zwei Frauen, wie sie unterschiedlicher nicht sein könnten: Jolanthe, die bäuerlich-herbe Raumpflegerin in der Nachtbar 49th Parallel, und die Servierin Judith – jung, attraktiv und alles andere als ein Kind von Traurigkeit.
Die beiden Frauen werden Freundinnen und erzählen sich aus ihrem Leben – doch als Judiths 12jähriger Sohn Levin auftaucht, der jede Nacht nach Sperrstunde zauberhafte Klänge auf dem Barpiano spielt, gerät Jolanthes Welt jäh aus den Fugen.
Sie beginnt, den Jungen auf fanatische Weise zu vergöttern, und zeichnet ein Bild von ihm, dem Levin nicht gerecht werden kann.

Oliver Fehn
Das Wolkenhotel

Pandämonium Verlag
ISBN: 978-3944893037
172 Seiten, Paperback
Preis € 12,90

In dem aufwühlend erzählten Roman "Das Wolkenhotel" schildert Oliver Fehn die Odyssee der beiden Teenager Sparrow und Wolfi in das verruchte „Wolkenhotel“, einen in den Wäldern versteckten Umschlagplatz für die unheilvolle Droge Cloud 13, die Menschen in eine Welt versetzt, in der sie alles wiederfinden können, was sie je verloren haben.
Unter dem Einfluss von Cloud 13 trifft Sparrow seine geliebte Mutter wieder, die sich selbst das Leben nahm. Zu spät erkennt er, dass der Flug auf Wolke dreizehn auch der Weg ins nackte Grauen ist.

Mark Twain
Der geheimnisvolle Fremde
Roman
(Übersetzung von Oliver Fehn)

Pandämonium Verlag
ISBN: 978-3-9813482-5-5
156 Seiten, Paperback
Preis € 16,90

Österreich im Mittelalter: In Eselsdorf taucht eines Tages ein fremder Junge auf, der über geheimnisvolle Kräfte verfügt. Er gibt sich den Jugendlichen des Dorfes als ein Neffe Satans zu erkennen, und mit seiner Ankunft häufen sich seltsame Ereignisse. Doch was er dem jungen Theodor, der zu seinem besten Freund wird, über die Welt und den Sinn des Lebens zu berichten hat, ist voller Tiefe und Weisheit.

Tobias Könemann
AUS TOD WIRD HEIMAT
Bildband / Farbdruck / A4

Pandämonium Verlag
ISBN: 978-3-944893-02-0
76 Seiten, Hochganzfarbdruck
Preis € 29,95

„Aus Tod wird Heimat“ ist eine Sammlung von Gemälden und Fotografien des Mainzer Künstlers Tobias Könemann. Ergänzt durch seine philosophischen Texte ergibt sich ein faszinierender Querschnitt durch ein Schaffenswerk, das irgendwo zwischen Himmel und Hölle angesiedelt ist.

Uwe Siebert
Hart Island Horror
Roman

Pandämonium Verlag
ISBN: 978-3944893051
144 Seiten, Paperback
Preis € 9,95

Nach seinem Abschluss von der Highschool führt Kevin Baker nur noch ein bescheidenes Leben. Damals beendete eine Knieverletzung seine Footballkarriere, seine große Liebe Stacey verließ ihn und heiratete einen anderen Mann.
Auf sich allein gestellt lebt Kevin in der Bronx und versucht, sich mit einem Job als Nachtwächter im städtischen Krankenhaus über Wasser zu halten. Eines Nachts vergeht er sich in der Leichenhalle an einer toten Frau. Dadurch beschwört er einen Albtraum herauf, der nicht nur ihn selbst, sondern auch seine große Liebe in tödliche Gefahr bringt. Denn niemand anderes als der Teufel persönlich hat es auf Kevin abgesehen und spielt sein perfides Spiel mit ihm.

Gerd Frey
Tödliche Aussichten
Erzählungen

Pandämonium Verlag
ISBN: 978-3944893082
304 Seiten
Preis € 14,90

Phantastische Kurzgeschichten von Fantasy und Horror über Science Fiction bis hin zu skurrilen Begebenheiten.
Der größte Teil der zumeist düster gehaltenen Kurzgeschichten wirft einen kritischen Blick auf unsere heutige Gesellschaft.